双创时代大学生创新创业教育的融合发展研究

◎孙石群　著

中国水利水电出版社

www.waterpub.com.cn

·北京·

内 容 提 要

随着我国高等教育改革和社会经济发展，创新创业教育已成为"双创时代"一种新的人才培养方式，也逐渐成为各个高校教育教学改革的切入点。本书以"双创时代大学生创新创业教育的融合发展研究"为课题，在梳理双创理念的提出与现实意义的基础上，探讨了学生创新创业教育的认识论基础，阐述了国内大学生创新创业教育的基本模式与发展路径以及国外大学生创新创业教育的典型范例与新启示，论述了双创时代大学生创新创业教育全面革新的相关研究，诠释了双创时代大学生创新创业教育融合发展新策略，以期促进学生创新精神、创新意识和创新能力的提升，切实补齐创新创业教育工作在人才培养工作中的短板。

本书可作为大学生创业类及相近专业类院校的基础教材，也可作为大学生创新创业的参考读物。

图书在版编目（CIP）数据

双创时代大学生创新创业教育的融合发展研究／孙石群著. -- 北京：中国水利水电出版社，2019.1（2024.1重印）
ISBN 978-7-5170-7382-6

Ⅰ．①双… Ⅱ．①孙… Ⅲ．①大学生—创业—研究
Ⅳ．①G647.38

中国版本图书馆 CIP 数据核字（2019）第 016434 号

责任编辑：陈 洁　　　封面设计：王 伟

书　　名	双创时代大学生创新创业教育的融合发展研究 SHUANGCHUANG SHIDAI DAXUESHENG CHUANGXIN CHUANGYE JIAOYU DE RONGHE FAZHAN YANJIU
作　　者	孙石群　著
出版发行	中国水利水电出版社 （北京市海淀区玉渊潭南路 1 号 D 座 100038） 网址：www.waterpub.com.cn E-mail：mchannel@263.net（万水） 　　　　sales@waterpub.com.cn 电话：(010) 68367658（营销中心）、82562819（万水）
经　　售	全国各地新华书店和相关出版物销售网点
排　　版	北京万水电子信息有限公司
印　　刷	三河市元兴印务有限公司
规　　格	170mm×240mm　16 开本　13.75 印张　203 千字
版　　次	2019 年 4 月第 1 版　2024 年 1 月第 2 次印刷
印　　数	0001－3000 册
定　　价	60.00 元

凡购买我社图书，如有缺页、倒页、脱页的，本社营销中心负责调换

前　言

　　高等教育不仅提高了国民素质，而且推进了经济社会发展。高等院校学生的就业问题日益突出，高校毕业生就业形势更加严峻，引发了高等院校创新创业教育的重大变革。创新创业的根本价值取向和最高目标是每个人的全面而自由的发展。创新创业教育要面向全体学生、结合专业教育、融入人才培养过程，要以转变教育思想、更新教育观念为先导，以提升学生的社会责任感、创新精神、创业意识和创业能力为核心，以大学生的创新创业教育模式和体系为重点，不断提高高等院校创新创业质量。国家要不断完善高等院校的布局结构，明确高等院校的办学定位，在各自层面上办出特色，不断提高创新创业教育。推进高等院校创新创业和大学生自主创业工作，是贯彻落实党提出的"提高自主创新能力，建设创新型国家"和"创业带动结业"发展战略的重大举措。

　　作者以"双创时代大学生创新创业教育的融合发展研究"为选题，从不同的方面和角度，上古至今，从国内到国外，对双创时代大学生创新创业教育进行了全面系统的研究和阐述。全书共六章，其中第一章双创理念的提出与现实意义对双创理论做了详细的解读，探讨了"双创"提出的背景，分析了"双创"的意义；第二章、第三章和第四章从整体上对创新创业教育的定义和理论基础、国内和国外对创新创业教育的认识进行了探讨；第五章从大学生创新创业教育的现状和问题相关联系方面进行了仔细的剖析和解读；第六章则对大学生创新创业教育的融合发展新策略进行了深层次的诠释。

　　本书的撰写涵盖了几方面特色：一是整体性，作者全面地对创新创业教育进行了探讨和解读，从多个方面和角度结合实际状况做出了相关阐述；二是科学性，书中引入了大量的教育研究理论和创新创业科学研究成果，引用了多个学者的著名论述和研究；三是趣味性，作者对书中的理论和专业内容都不同程度地通过鲜活的事例进行了补充说明，便于学习者更好地理解和阅读。

本书在写作过程中，参考和借鉴了国内外学者的相关理论和研究，在此深表谢意。由于时间紧迫，书中不足之处在所难免，烦请提出宝贵意见，以便修正。

作　者

2018 年 9 月

目　录

第一章　"双创"理念的提出与现实意义

第一节　"双创"提出的背景与重大意义

2014 年 9 月，李克强总理在夏季达沃斯论坛上首次提出"大众创业、万众创新"，从此这项工作在全国逐步推展开。2015 年政府工作报告中明确要"打造大众创业、万众创新和增加公共产品、公共服务'双引擎'"。2016 年政府工作报告中要求"发挥大众创业、万众创新和'互联网＋'集众智汇众力的乘数效应""充分释放全社会创业创新潜能"。为什么"双创"会受到如此重视？探究"双创"提出的背景，分析"双创"的意义，是本节详细讲解的内容。

一、"双创"提出的背景

（一）经济新常态成为显著特征

经济新常态是我国经济发展的显著特征。下面分别从时间、空间和时间—空间两者结合三方面进行阐述。

首先是时间角度，在我国经济发展的不同时期、不同阶段，经济发展不断发生更替变化，这种变化的最终结果就是经济新常态。自从改革开放政策实施以来，我国的经济突飞猛进，只用了几十年的时间就达到了很多发达国家需要使用几百年时间才能达到的成就，我国经济实力稳步提升，经济总量上升到世界第二位，制造业的总量和规模更是上升到世界第一。虽然经济在不断地增长，但是问题仍发生。现在，我国的经济面临了三重困难，即经济增速调整困难、调整阵痛困难以及刺激政策的消化困难。具体地说就是经济发展的速度需要适度减慢；经济产业结构的调整，加快消化能源资源密集型和低端低产能的产业，扶持高新技术产业的发展；经济的发展动力要转变，不能再主要依靠资源密集型和劳动力密集型等产业的带动，在经济增长当中要加入越来越多的创新力。

其次是空间角度，经济新常态体现出了我国当前经济形势中的两大问题，即国际产业的分工模式遇到困难、出口优势降低。自从改革开放的基本国策实施以来，我国开始发展国际贸易，并迅速成为世界上的贸易大国。但是 2008 年的全球经济危机使全球经济低迷，我国出口贸易被迫减速。而且，从国际经济贸易的经验来说，当一个国家的出口贸易总额占到世界出口贸易的 10% 左右就会出现增速下降的现象。而我国在那几年的出口额比重超过 10%，这就说明我国的出口贸易到达了一个拐点，很难再继续高速增长。所以说，我国经济增长的动力因素不能寄托于对外出口，而应该更加重视创新力以及扩大内需的拉动。

再次则是时空结合的角度，在我国经济的发展中，其发展具体的条件、外部以及内部环境等都有改变，经济的发展已经进入了新常态。我国的经济发展呈现出了增速由高转中，发展方式由当初的兼具速度和规模转化为当今的重视效率以及质量，经济发展结构由当初的增量扩能为主转化为当今的做优增量和调整存量两者并存的结构，经济发展的动力因素也由当初的资源密集型、劳动力密集型转变为当今的创新力。我国的经济要想由低级向高级不断进步离不开这些变化的产生。历史发展到今天，我们已经不可能依靠要素规模驱动力来支撑我国越过中等收入陷阱，要想百尺竿头更进一步，必须不断提高要素质量，更多依靠人力资本的质量和技术进步，未来中国经济增长要靠"双引擎"[①]，一方面，改造升级传统引擎，增加公共产品、公共服务供给；另一方面，培育打造新引擎，推动大众创业、万众创新。

---

① 李子林，刘迎秋等. 中国中小企业 2016 蓝皮书——大众创业，万众创新催生经济发展新动能 [M]. 北京：中国发展出版社，2016.

（二）全面深化改革的关键时期

"四个全面"战略布局中具有突破性和先导性的关键环节是全面深化改革。党的十八大以来，以习近平同志为总书记的党中央高举改革开放旗帜，以更大的政治勇气和政治智慧推进改革，用全局观念和系统思维谋划改革，推动新一轮改革大潮涌起。党的十八届二中全会对全面深化改革进行总体部署，吹响了改革开放新的进军号。回顾我国实行改革开放以来的各个发展阶段，每次重大改革的实施，都必将有力地带动党和国家的发展，带动中华民族伟大事业的进步。各领域改革不断提速，改革举措出台的数量之多、力度之大前所未有。简政放权，发挥市场在配置资源中的决定性作用；推进商事制度改革，"三证合一"登记制度改革；金融财税支持小微企业发展，设立国家中小企业发展基金，支持众创空间建设等，都为"双创"提供了有利的政策环境。

"双创"本身就是改革，是解放和发展生产力的过程。多年前，正是因为实行联产承包制，调动了亿万农民生产和经营的积极性，不仅创造出粮食生产的奇迹，而且迅速改变了中国的经济结构，加速了中国从传统农业大国向现代化工业国家的转变。也正因为允许人口流动，亿万农民工进城，极大地推动了我国城镇化进程，创造了中国经济的奇迹。联系今天，进一步解放思想就是解放和增强社会活力。人民群众作为微观经济主体，不仅是消费主体，因为拥有劳动力和资金等生产要素，也就成了生产主体。如果有更多的人能够去创业、创新的话，将有利于改变经济结构，带动市场需求，从而推动我国经济的增长。

我国发展走到今天，发展和改革高度融合，发展前进一步就需要改革前进一步，"双创"正逢其时。当前，不管是经济的转型发展所需，还是人民对美好未来的期盼，都在呼唤大力推进"双创"。同时，在政策环境不断优化、财政实力保障及科研投入逐年增加的基础上，社会主体也有条件、有能力来实现"双创"。这个历史性机遇千载难逢，抓住就能赢得发展转型的战略主动权。

（三）创新驱动发展成为时代主题

从世界范围来看，科学技术的作用越来越大，经济社会的发展更是离不开科学技术的应用，依靠科技创新来驱动的经济是当今时代的潮流。创新力在一定程度上决定了国家能否提升综合国力，能否在世界大舞台上具备强大的竞争实力。当今的时代也是新科技革命的时代，科技的发展到了历史节点，很多关键性的科学问题以及核心的科学技术将得到革命性的解决，一旦这些问题和技术得到了解决，社会的各个方面将会产生翻天覆地的变化，社会生产、社会变革也会突飞猛进。当然，这一变革的产生和我国的转变经济发展方式政策相符，我国必须牢牢抓住这个机会，掌握创新力，依靠科技的发展进步来带动经济社会的可持续发展。

世界主要国家纷纷调整创新战略，抢占全球创新制高点。美国发布新版《国家创新战略》，提出要投资美国的创新基石，同时确定精密医疗、卫生保健、大脑计划、先进汽车、智慧城市、清洁能源和节能技术、教育技术、太空探索和高性能计算等九大优先发展领域。英国发布《2015—2018 年数字经济战略》，倡导通过数字化创新来驱动经济社会发展，并在其国家核心科学年度预算中首次列入创新经费。日本推出《科技创新综合战略 2015》，明确了"推动连锁创新的环境整顿工作"与"解决经济、社会课题的重要举措"两项重点。法国推出"未来工业"战略，旨在通过信息化改造产业模式，实现再工业化的目标。德国成立创新政策咨询委员会，进一步推动中小企业和社会大众创新。加拿大政府提出"2015 经济行动计划"，并出台鼓励制造投资、支持世界级技术研究、提升航空航天业竞争力、打造物理学领域优势等方面的一系列措施。[①]

发达国家如美国、日本等占据了高新技术领域内大约90%的专利量，其他的国家（包括中国）仅仅占了剩下的10%。中国的企业要想得到更高层次的发展或者打进国际市场离不开企业核心科技的掌握，

---

① 李子林，刘迎秋等. 中国中小企业 2016 蓝皮书——大众创业，万众创新催生经济发展新动能［M］. 北京：中国发展出版社，2016.

但这正是当前我国大部分企业面临的问题。他们在企业经营当中需要的大量高精尖设备大多数是从国外进口的。中国作为工业品出口大国，虽然有着规模十分庞大的制造业，但是这些制造业当中只有极少的部分是能够生产重大技术的设备以及达到高精尖的工艺的。在国内市场上大量缺少那些技术含量较高却附加值高的设备和产品，高新技术行业需要的设备，如高端医疗设备、半导体及集成电路制造设备和光纤制造设备等严重依赖进口。时至今日，对中国而言，高能耗、高污染、低效率的传统经济增长方式已难以为继，要保持经济健康可持续发展，除通过体制创新、技术创新、管理创新等来大力提升全要素生产率之外，几无他途。

二、"双创"提出的重大意义

2015 年 6 月，国务院颁布了《国务院关于大力推进大众创业万众创新若干政策措施的意见》，明确指出，推进大众创业、万众创新是培育和催生经济社会发展新动力的必然选择，是扩大就业、实现富民之道的根本举措，是激发全社会创新潜能和创业活力的有效途径。这是认真总结国内外发展实践经验和理论认识的结果，符合当今世界发展实际和创新潮流，具有重要的理论意义和现实意义。

（一）经济社会发展动力的必然选择

随着我国资源环境约束日益强化，要素的规模驱动力逐步减弱，传统的高投入、高消耗、粗放式发展方式难以为继，经济发展进入新常态，需要从要素驱动、投资驱动转向创新驱动。推进大众创业、万众创新，就是要通过结构性改革、体制机制创新，消除不利于创业创新发展的各种制度束缚和桎梏，支持各类市场主体不断开办新企业、开发新产品、开拓新市场，培育新兴产业，形成小企业"铺天盖地"、大企业"顶天立地"的发展格局，实现创新驱动发展，打造新引擎、形成新动力。因此，推进大众创业、万众创新，是培育和催生经济社会发展新动力的必然选择。

（二）有利于结构优化

推进大众创业、万众创新，是富民之道、强国之举，有利于产业、企业、分配等多方面的结构优化，面对就业压力加大形势，必须着力培育大众创业、万众创新的新引擎，实施更加积极的就业政策，把创业和就业结合起来，以创业创新带动就业，催生经济社会发展新动力，为促进民生改善、经济结构调整和社会和谐稳定提供新动能。我国有13亿多人口、9亿多劳动力，每年高校毕业生、农村转移劳动力、城镇困难人员、退役军人数量较大，人力资源转化为人力资本的潜力巨大，但就业总量压力较大，结构性矛盾凸显。推进大众创业、万众创新，就是要通过转变政府职能、建设服务型政府，营造公平竞争的创新创业环境，使有梦想、有意愿、有能力的科技人员、高校毕业生、农民工、退役军人、失业人员等各类市场创新创业主体"如鱼得水"，通过创新创业增加收入，让更多的人富起来，促进收入分配结构调整，实现创新支持创业、创业带动就业的良性互动发展。

（三）激发"双创"有效途径

目前，我国创业创新理念还没有深入人心，创新创业教育培训体系还不健全，善于创造、勇于创新创业的能力不足，鼓励创新、宽容失败的良好环境尚未形成。推进大众创业、万众创新，就是要通过加强全社会以创新为核心的创业教育，弘扬"敢为人先、追求创新、百折不挠"的创业精神，厚植创新文化，不断增强创业创新意识，使创业创新成为全社会共同的价值追求和行为习惯。这也被我国的改革开放具体实践所证实。20世纪80年代的家庭联产承包责任制带动了农村改革的春风，农村和乡镇的企业如雨后春笋般建立起来，这也就有了现在一大批如万向集团一般的大企业。之后实施的科技、经济体制的改革更是带动了一大批人下海经商，中国的民营企业得到了蓬勃的发展。这些民营企业中的很多人都是草根创业，真正体现了大众创业、万众创新的理念。因此，推进大众创业、万众创新，是激发全社会创新潜能和创业活力的有效途径。

（四）提高供给与需求契合度

目前，我国消费模式正在发生变化，模仿、跟风式的消费逐渐减少，个性化、差别化、多样化和高端化的消费开始增多，传统供给结构不能完全满足新需求，产品和服务供给中存在一些空白和薄弱环节。新的消费模式要求新的供给模式，从而使创新发展的重要性显著提高，不仅要通过创新提升已有产品质量，还要通过创新弥补产品和服务中的空白或薄弱环节，满足日益提高的消费需求。相应地，制造业和服务业企业必须更加重视设计、定制、个性和质量，朝着小、特、专、精的方向发展。大众创业、万众创新有利于从源头上促进供给模式与需求模式的契合，带动更多的人开办新企业、开发新产品、开拓新市场，从而更好地促进消费，拉动经济增长。因此，推进大众创业、万众创新，有利于适应新消费模式，提高供给与需求契合度。

（五）实施创新驱动发展战略的关键

在实施创新驱动的发展战略时，必须要坚持科技创新的核心地位，坚持将科技创新以及科技人员的作用得到最大的发挥，同时更不能忽视人民群众的无穷力量和智慧，这是李克强总理在国家科技战略会上指出的。李总理还指出，在实施创新驱动时，还要借助"互联网＋"这一平台，汇集全体民众的智慧来进行万众创新，社会科技在进步，经济产业的发展必须根植于社会土壤，将万众创新转化为科技成果，打造出经济发展的新优势。要将人民群众以及科技的创造力进行全方位、多层次、高深度的融合，一方面要不断突破核心科技，发展高精尖技术，另一方面要接地气，将创新科技转换为现实生产力。要实现这一目标，我们需要注重教育事业的发展，提升教育事业的质量和水平，加快推动科技体制的创新和改革，使得在创新发展当中的科技以及人才得到大幅度的强化。同时还要加快推动大众创业、万众创新，在社会层面大力鼓励和弘扬这一精神，促使各类创新企业的发展和壮大，为企业的发展注入源源不断的活力。

加快推动初创企业的出现以及发展规模化。创新最容易在初创企业当中发生，这在历史上是有例证的，而且初创企业对于增加就业意义重大。据调查显示，近年来美国增加的20%的就业当中，创业企业占比3%。原因就是创业者通过制造服务以及产品等，来使得我们的生活得到了改变，社会上也诞生了大量的就业岗位。在当今社会，同时也是那些在科技前沿的产业，如生物制药、清洁能源以及信息等行业的人员在加速着新科技、新技术的发展进步，并使得影响全人类的众多问题得到解决。

加快推动大企业的产业创新。通过研究创业的理论以及实践，我们知道创业能够在当前已经存在的企业内部产生。在当今已经存在的企业特别是大企业当中，只有通过大力推广创业才能够使得企业获得更大的利润，得到更长远的发展前景。大企业因为发展时间长，其具备各方面的发展优势，自然也能在大众创业、万众创新当中发挥出重要的作用。这一作用一方面能体现在兼并中小企业加速产品商业化，另一方面体现在其自身就可以分化、培养出很多的小企业。这一点从我国的企业发展经历上来看，就能够找到很多的例证。腾讯、达安基因等国内大企业根据其所在产业链上的各方需求，培养出大量的聚集科技的企业。海尔公司也进行改革，给企业内部员工提供升级为创业合伙人的机制，加快推动形成企业内部的自创业，促使企业出创客。

（六）推进供给侧结构性改革

当前我国经济体制改革中的重要任务就是供给侧结构性改革。总的来说，它指的主要是在生产要素的生产侧以及投入侧的重要改革活动。供给侧的改革中心是以企业生产来带动消费需求，最终实现经济发展的动力因素的转变。具体地说，供给侧改革以一系列的土地以及金融要素的改革来带动企业经济效益以及市场竞争能力的提升，以此来生产出大量的初级产品以及服务，刺激消费。消费的增长在一定程度上能够带动新型产业、技术以及业态的发展。供给侧改革当中最不可忽视的是政府的体制改革，要加大社会资金的投入，调动微观经济的活力。通过"双创"来提升生产供给，推动微观经济的市场活力，一方面推动了社会产业的发展，另一方面更是增加了社会就业岗位，提高了城乡居民的收入,最终对于经济发展、社会公平意义重大。

加快推进生物制药、清洁能源、文化旅游、投资融资、市场监管以及科技体制等方面的改革进程。举个例子,应该加紧培育小微企业和大企业的同步创新,推动融资改革,帮助企业解决融资困难的重大问题。要在清洁能源改革方面下大力气,帮助企业大幅度降低创新创业的支出和成本。要加快财税改革,帮助小微企业降低税务标准。要在服务行业加大开放的程度,推动竞争公平,加快服务业的发展。

在对待传统产业的态度上,我们应该积极推动其发展创新,鼓励职工们学习、结合大数据、互联网等新技术、新方法来加快生产工艺以及企业设备的更新换代。政府管理制度方面必须要结合当前的行业、产品以及技术发展势态,加快投入资金技术以及人才资源的支持,努力建设一个新兴企业发展前景广阔,新产品、新技术转化效率高的经济生态圈。

(七) 加快新型城镇化

发展改革委、工业和信息化部、财政部等10部门联合下发《关于结合新型城镇化开展支持农民工等人员返乡创业试点工作的通知》。通知要求,按照因地制宜、先行先试的原则,以新型城镇化建设任务为重点,农民工、大学生、退役士兵等外出务工人员较多的输出地为主,选择一些县级城市结合新型城镇化开展支持农民工等人员返乡创业试点,着力培育和发展一批基础设施和公共服务明显改善、创业环境持续优化、返乡创业就业特色鲜明的城市,为进一步推进新型城镇化建设、支持返乡创业探索路径积累经验。根据通知,试点要坚持问题导向,围绕农民工等人员返乡创业面临的场地短缺、基础设施不完善、公共服务不配套以及融资难融资贵、证照办理环节多等突出问题,重点做好加强园区资源整合、加强服务平台建设、加强服务能力建设等工作,强化政策支持、加强项目引导、组织渠道对接。因此,"双创"是加快新型城镇化的助推器。

(八) 实现《中国制造2025》目标

金融危机后,为了实现经济的快速复苏,美国政府提出要"重返制造业"，德国政府也推出了"工业4.0"战略。2015年5月，国务院印发《中国制造2025》，提出了实现中国制造向中国创造转变、中国速度向中国质量转变、中国产品向中国品牌转变，完成中国制造由大变强的任务、重点领域和重大工程。推动"中国制造2025"是在新的国际国内环境下，中国政府立足于国际产业变革大势，做出的全面提升中国制造业发展质量和水平的重大战略部署。其根本目标在于改变中国制造业"大而不强"的局面，争取利用这十年的时间使我国迈入制造强国的行列。"中国制造2025"旨在通过动员全社会力量参与发展先进制造业，推进中国的制造强国进程，提出要完善以企业为主体、市场为导向、政产学研用相结合的制造业创新体系。围绕产业链部署创新链，围绕创新链配置资源链，加强关键核心技术攻关，加速科技成果产业化，提高关键环节和重点领域的创新能力。同时还要重视理念创新，要摒弃对传统路径的依赖，既要能够引进和利用国际先进技术创新成果，还要重视自主创新的技术成果的推广和产业化，形成全社会鼓励创新、重视创新的氛围，这也是"双创"所倡导和推动实现的目标。因此，"双创"是实现《中国制造2025》目标的加速器。

第二节　"双创"理论基础

由于创新理论起源并发展于西方国家，所以本书主要介绍几个西方的主流创新理论。熊彼特的创新理论作为创新理论的起源，索洛、阿罗、戴维斯和弗里曼等学者在熊彼特创新理论的基础上进行了研究和发展，形成了新古典学派、新熊彼特学派、制度创新学派和国家创新系统学派四大创新理论学派。本书主要对熊彼特理论进行详细的介绍。

一、熊彼特理论

（一）创新的特定内涵

熊彼特认为"创新"是"一种生产函数的建立"，或者是"生产要素和生产条件的一种重新组合"并"引入生产体系使其技术体系发生变革",以获得"企业家利润"或"潜在超额利润"的过程。他进一步把创新分为五种具体情形：①采用一种新产品；②采用一种新方法；③开辟一个新市场；④新的原材料供应来源；⑤新的工业组织。

熊彼特从经济学的角度重新界定了创新与发明的关系："先有发明（Invention），后有创新（Innovation）；发明是新工具或新方法的发现（Discovery），创新则是新工具或新方法的实施（Implementation）。"发明是一种知识形态，一种创新了的知识；创新是一种经济活动，获得新的经济价值。发明是创新的技术基础，创新是发明的首次商业应用，即创新＝发明＋开发。

（二）创新要素

熊彼特的创新理论是一个较为完善的理论系统。它包括了创新系统的诸多组成要素，各要素之间相互联系和相互作用，以共同实现创新活动。这些要素主要包括以下几个。

（1）创新主体。即整个创新活动的承担者和参与者。熊彼特认为创新是企业和企业家的"基本职能"，创新主体便是企业和企业家。其具体列举的五种创新情形都是针对企业而言的。但是，并非所有的企业和企业家都是创新者，同样，发明家也不一定是创新者，只有把发明商业化并获得利润才是创新者。

（2）创新客体。即指创新活动所指向的对象。创新客体主要是由当时的社会经济条件、认识水平和创新过程中所运用的技术所决定。熊彼特创新理论的客体主要是指自然物，是针对自然界而发生的变革活动。如一种新产品的开发、生产设备的改进、工艺流程的改善或一个新市场的开辟等。创新客体范围的大小说明了创新活动变动的程度和生产力水平的高低。但是熊彼特的创新理论尚缺少对社会和人自身的研究。

（3）创新主体的创新构想。这是指作为任何一项创新活动在创新付诸实施之前必须有一系列完整的设想：对该项创新的市场、核心技术、发展前景、创新价值等方面的预测。这是创新的前提，没有构想就不可能有成功的创新。熊彼特创新理论的新构想是希望企业家率领其企业对产品、工艺、市场和组织手段等方面进行调整、变革，从而获得新的利润，它在很大程度上决定了创新的过程和结果。

（4）市场。技术创新成功的唯一标志是产品或服务能够在市场实现其价值，更具体来讲就是获得预期的商业利润或达到预期目标。熊彼特以技术创新来解释商业利润的来源，实际上表明技术创新的实现标志。市场的实现、开辟、渗透、扩大与巩固，也是技术创新的重要目标，最终表现为商业利润的增加。可见熊彼特对创新的理解包含了"双创"的概念，创新创业是紧密相连的。

二、熊彼特之后的创新理论发展

（一）新古典学派

新古典学派关于技术创新的研究建立在"市场失灵"的基础上。新古典经济学认为，经济绩效可以按照其接近理论上的最优标准即帕累托最优来判断。由于创新活动具有知识生产的性质，而知识及其生产具有不可分性、不确定性以及外部性和公共产品等特性，这些特性正是所谓的"市场失灵"的主要表现，而"市场失灵"的原因在于市场不完全、竞争不完全和信息不完全。这些因素使得市场不能自动实现帕累托最优均衡，即市场无法为创新活动提供充分的激励机制以及合理的资源配置。这是新古典经济学研究创新及其政策问题的起点和核心。市场不完全，尤其是未来市场的缺失，意味着在一个不确定的环境条件下，个人无法通过充分、有效的"或有权"以最优的方式来进行风险交易。同时，未来市场的缺失意味着一个合理的价格或价值结构的缺失，并使得经济主体形成自己的预期价格或价值。而信息不完全和不对称会造成逆向选择和道德风险，并最终导致资源配置均衡偏离帕累托最优状态。

（二）新熊彼特创新学派

20世纪五六十年代的创新研究，在相当大的程度上，受到熊彼特的影响,集中讨论企业规模、市场结构和创新的关系,创新与扩散以及科技进步与经济结合的方式、途径、机制、影响因素等,有些学者把这些研究称为"新熊彼特主义"。新熊彼特学派坚持熊彼特创新理论的传统,强调技术创新和技术进步在经济发展中的核心作用,认为企业家是推动创新的主体,侧重研究企业的组织行为、市场结构等因素对技术创新的影响,提出了技术创新扩散、企业家创新和创新周期等模型。

企业规模与技术创新之间的关系一直是理论和实践上争论的焦点之一,并对发达工业国家的技术创新政策产生了或正在产生着重要的影响。不同规模的企业在技术创新上均有上乘的表现,只不过在不同时期、不同行业或产业,因企业大小不同而自身具有的一些不同特点影响和约束着企业创新的绩效而已,从而在客观上形成适合不同规模企业创新的领域与行业。

(三)国家创新系统学派

技术创新的国家创新系统学派以英国学者克里斯托夫·弗里曼、美国学者理查德·纳尔逊等人为代表,该学派认为技术创新不仅仅是企业家的功劳,也不是企业的孤立行为,而是由国家创新系统推动的。

20 世纪 80 年代弗里曼在考察日本企业时发现,日本的创新活动无处不在,创新者包括工人、管理者、政府等。日本在技术落后的情况下,以技术创新为主导,辅以组织创新和制度创新,只用了几十年的时间,就使国家的经济出现了强劲的发展势头,成为工业化大国。这个过程充分体现了国家在推动技术创新中的重要作用,也说明一个国家要实现经济的追赶和跨越,必须将技术创新与政府职能结合起来,形成国家创新系统。

纳尔逊以美国为例,分析国家支持技术进步的一般制度结构。他指出,现代国家的创新系统在制度上相当复杂,既包括各种制度因素和技术行为因素,也包括致力于公共技术知识研究的大学和科研机构,以及政府部门中负责投资和规划等的机构。纳尔逊强调技术变革的必要性和制度结构的适应性,认为科学和技术的发展过程充满不确定性,因此国家创新系统中的制度安排应当具有弹性，发展战略应该具有适应性和灵活性。

弗里曼和纳尔逊的研究为国家创新系统理论的建立奠定了坚实的基础，使人们认识到国家创新体系在优化创新资源配置上的重要作用，尤其可以更好地指导政府如何通过制订计划和颁布政策来引导和激励企业、科研机构、大学和中介机构相互作用、相互影响，从而加快科技知识的生产、传播、扩散和应用。

第三节 "双创"的政策环境分析

一、"双创"政策环境的内涵

创业创新对于中小企业具有重要的促进作用。但是，要真正激发人们的创业创新热情，就必须消除人们进行创业创新时的各种体制性障碍，千方百计减少创业创新的风险，同时要出台各种鼓励性政策降低他们创业创新的成本，努力提高其创业创新的预期收益，最终通过政策环境的优化使创业创新成为全社会的一种精神和习惯，推动创业创新活动不断迎来一个又一个高潮。

那么，"双创"政策环境的改善应该从哪些方面入手呢？其实，当我们仔细考察当前创业创新遇到的主要问题，就可以得到相应的答案。创业创新是一种经济活动，也与其他经济活动一样要面对成本收益核算的约束，但它更是一种特殊的经济活动，它所要遵循的发展规律不同于一般企业的发展规律，它典型地表现为一种突变，所以风险和收益也都是巨大的，在这样的情况下，创业创新者做出创业创新的决定是很艰难的，加之创业创新之路更是充满困难险阻，创业创新活动如果得不到应有的鼓励和支持，是难以成为一种普遍经济活动的。客观来说，只有当思想和信息充分交流，场外风险资金非常充裕，创业创新成本风险因资源共享而能被有效分散时，创业创新活动才可能日趋活跃，并创造出巨大的社会经济效益。

当前，我国创业创新活动中遇到的主要问题突出表现为下面几个方面。正是创业创新主要面临以下问题，创业创新政策环境的优化也需要集中于以下几个方面，具体地说，就是要重点在金融政策、财政政策、产业政策、市场政策、环保政策和人才政策等方面，针对涉及创业创新活动的有关政策规定和体制设计进行调整优化，不断促进创业创新活动走向新的高潮。

（1）创业创新面临较大的融资瓶颈。创业创新前期的资金投入较大，投资回收较慢，需要长期资金支持，当前的金融环境无法为其提供足够的融资支撑。

（2）创业创新风险分担机制不健全。创业创新活动是一种高风险活动，创业创新者本身大多数时候难以独自承担这样高的风险，而当前分担创业创新风险的保险资金、风险资金和财政资金在数量方面还明显不足。

（3）创业创新产业方向引导不够。当前的创业创新活动不像过去三十年那样创业创新机会丰富多样，而是要面对更为复杂多变的经济环境，创业创新风险也变得更大，迫切需要国家在创业创新者进行产业方向选择时给予应有的引导。

（4）创业创新的市场环境还不够成熟。审批事项和检查事项过多，知识产权的保护强度不够，垄断企业存在不正当竞争行为等问题，也都抑制了市场的创业创新热情。

（5）创业创新人才的自由流动受到限制。由于受到人才管理方式僵化、公共服务体系不健全和社会保障体制不完善等各方面的约束，创业创新人才难以根据需要在不同地区不同单位之间进行流动，降低了人才创业创新的主观能动性。

二、"双创"政策环境的意义

更加完善的"双创"政策环境对推动"双创"工作具有非常重要的意义，这是因为"创业"和"创新"都是具有高风险的创造性经济活动，如果政策环境缺乏稳定性，甚至是政策环境对其产生一定的约束效应，都可能将这些创造性活动扼杀在摇篮里，从而一个国家将失去许多本来有可能发展壮大的企业，进而会削弱一国的整体竞争力。"双创"政策环境的意义有五个方面。

（1）完善的"双创"政策环境是适应发展动力和发展模式转变、引导要素资源重新进行有效配置的推进器。在新常态阶段，我国过去主要由低成本推动向规模粗放扩张发展。模式逐渐向创新引领、资源集约利用的发展模式转变，在新的发展动力和发展模式下，要素资源的重新配置机制与传统资源配置机制有很大差别，具体表现是更多体现出信息化和智能化的特征，面对的市场需求也充满更多的不稳定性，这些变化都需要相关政策及时进行调整或者予以完善，使之适应新的要素资源配置方式。

（2）完善的"双创"政策环境要求进一步降低市场门槛，有利于为创业创新开拓更多市场机会。营造良好的"双创"政策环境要求消除或减少市场垄断、行政壁垒、地方保护等不利于市场自由进出的障碍，这将使创业创新者按照适合自身发展定位而选择的领域进行创业创新活动，避免"望门兴叹"的尴尬和无奈，使其获得更多的市场机会，对创业创新活动发挥更大的鼓舞作用。

（3）完善的"双创"政策环境对市场环境的净化提出更高要求，有利于降低创业创新的风险和成本。完善的"双创"政策环境要求简化市场审批、方便程序流程、杜绝推诿扯皮和明确政策规定，从而推动政府管理向政府服务转型，提高办事效率，增强创业创新者的信心，降低创业创新的风险和成本。完善的"双创"政策环境还将强化对相关执法部门的监督，避免过度执法或者过度干预企业微观运营，提高企业经营活动的自主性和自由度，创业创新的时间成本和物质成本都将会有较大的节约。

（4）完善的"双创"政策环境要求重塑市场价格体系，有利于增强对创业创新行为的激励。完善的"双创"政策环境强调知识产权等创新成果的市场价值，并将通过知识产权保护使这种市场价值显性化，避免市场价值无谓的流失，从而对创新行为发挥非常强的激励作用。完善的"双创"政策环境还有利于创业者通过资本运营增强产权的可交易性，提高所创办企业的市场价值，并可以从中获取足够的物质利益，从而对创业活动产生很强的激励效应。

（5）完善的"双创"政策环境有利于培育和释放创业创新人才，为创业创新活动提供更多适用的要素资源。营造更加良好的"双创"政策环境，还要求加快推进与培育创业创新人才密切相关的教育体制和科技体制方面的改革，以及束缚人才流动的户籍政策、教育医疗等公共服务体制等方面的改革，并由此对抑制人才积极性发挥的教育科研管理体制方面的改革起到推动作用。这些改革的推进，将有利于培育和释放创业人才，加快解决创业创新人才不足、创业创新精神不强的问题，为创业创新活动提供更多适用的要素资源。

三、"双创"政策环境的现状

改革开放后，我国并没有明确地提出创业创新政策，但是由于计划经济体制被打破，以及市场经济改革方向的确立，个体私营经济如雨后春笋一般发展壮大起来。尽管这一时期并没有明确的创业政策的鼓励，但是由于需求的长期抑制，整个社会呈现供不应求的状态，只要个体私营经济得到政府的许可，创业便会发生，而且市场的供不应求状态也大幅降低了创业风险。

由于全球化和城镇化的推进，我国进入了重工业迅速发展的阶段。在这一阶段，资本和劳动力等生产要素快速地被外向型企业和重工业企业吸纳消化，创业甚至创新都没有被特别重视。同时，市场机会的减少也一定程度上对创业起到了抑制作用，寻找稳定的工作机会并将"职业"作为事业的人越来越多，创业精神趋于衰弱。在创新方面，政府更多是对部分重大科学技术实施攻关，不过也有部分企业奋发图强，致力于自身创新能力的提高，也取得了重大成功。总体而言，这一阶段创业创新政策都没有特别地受到重视，普遍来说创业活动有所下降，但是由于部分企业已经发展到有能力参与国际竞争的阶段，自我创新意识有所增强，特别是信息技术产业的发展，使该领域的创业创新活动趋于活跃，所以创业创新的热点呈现出一种局部性，不过这种局部热点也为未来更高层次上的大规模创业创新活动准备了必要基础。

　　2010 年我国经济开始呈现深度调整的态势，我国开始掀起"大众创业，万众创新"的新浪潮，政府致力于通过破除对个体和企业创业创新的种种约束，来鼓励和推动"双创"工作。在这一阶段，"互联网＋"经济持续发酵，创业创新活动更多向这一领域集中。同时，各地还开始采取财政、金融和人才等政策多管齐下的方式，提高科技创新能力，大力推动新兴战略产业的发展，即使对传统支柱产业，也强调要通过技术创新和模式创新进行升级改造，试图通过创新全面实现产业的转型升级。这些努力取得了一定的成效。根据中国社会科学院民营经济研究中心"优化创业创新政策环境促进中小企业发展调研数据库（2016）"，445 个中小企业关于"当前创业创新环境相对于当初创业创新时环境是否有明显改善"问题的回答中，认为"有明显改善"的有 76 家，认为"有一定改善"的达到 235 家，认为"没有改善"的仅有 30 家（图 1-1）。这表明在政府的大力倡导和积极改革的影响下，创业创新环境总体有了改善。在接下来的 423 家中小企业关于"如果您认为创业创新环境相对于贵企业当初创业创新时环境有改善的话，那么主要体现哪些方面"问题的回答中，认为"融资更便利些""人才更充裕和易于招聘""市场机会比过去增多""税费有了较大程度减轻"和"政府办事难效率低得到扭转"的中小企业分别有 172 家、144 家、180 家、86 家和 121 家（图 1-2）。这些回答表明中小企业关于税费高低的关注显著低于融资、市场机会和政府效率，主要是政策环境而不是成本高低对中小企业创业创新有更大的影响。根据这些调查结果可以预期，随着创业创新政策环境的日益完善，创业创新活动也将更加活跃。不过，当前阶段，我国经济调整尚不到位，土地、房屋和劳动力等要素成本攀升，国外高新技术壁垒林立，都决定了创业创新也将面临更多的不可控风险。同时，相对于以往阶段，现阶段各项政策法规日趋完善，政策法规的执行也趋于严格，同时市场供求关系也发生了逆转，供过于求成为了市场常态，也都增加了创业创新的难度。通过"双创"政策环境优化，在一定程度上对这些不利因素带来的负面影响，将是一件非常紧迫的事情。

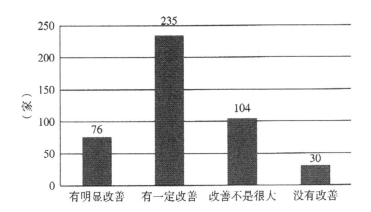

图 1-1　中小企业关于"贵企业认为当前的创业创新环境相对于
贵企业当初创业创新时环境是否有明显改善"问题的回答

资料来源：中国社会科学院民营经济研究中心"优化创业创新政策环境促进中
小企业发展调研数据库（2016）"。

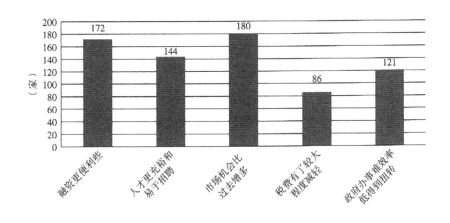

图 1-2　中小企业关于"如果您认为创业创新环境相对于
贵企业当初创业创新时环境有改善的话，那么主要体现哪些方面"问题的回答

资料来源：中国社会科学院民营经济研究中心"优化创业创新政策环境促进中
小企业发展调研数据库（2016）"。

四、"双创"政策环境存在的问题

完善的"双创"政策环境对于促进"双创"工作的顺利推进具有重要意义。但是，由以上的调查结果也可推知，目前的"双创"政策环境还远远没有达到完善的程度，其中存在的一些问题甚至仍然比较严重，对于创业创新活动产生了明显的抑制。总的来说，目前"双创"政策环境还主要存在着以下四个方面的问题。

（1）鼓励创业创新已经成为国家战略，但创业创新政策环境优化的具体目标还不明确。鼓励"创业"和"创新"都可以作为一项国家战略，但对于"创业"和"创新"活动本身来说，二者又是具有不同性质的经济活动。创新活动虽然具有对现有生产分配秩序破坏的一面，但更多会带来生产效率的提高，主要是一种从"自然"中获取收益的活动；与之相比，创业活动更是对现有生产分配秩序的一种填充，或者就是对现有生产分配秩序的一种破坏，它带来的主要是产业结构和就业结构的变化，并不会必然促进生产效率的提高。

由于二者的性质不同，创业创新政策的环境存在的问题也是不一样的。创业政策环境存在的主要问题是市场性质的，即垄断或非完全竞争的市场结构、不公平的市场待遇等市场性因素是妨碍创业的主要因素，这就要求创业政策环境的优化主要从市场环境优化着手，鼓励市场自由竞争，具体来说就是要加快推动市场发挥决定性作用的市场体制改革，那些鼓励创业的政策性措施只应是短期的阶段性的产物，不能代替体制建设长期化。创新政策环境存在的主要问题是制度性质的，并不是通过市场自由竞争所能解决的，相反，它甚至需要对市场自由竞争形成一种限制，使创新本身相对于其他的市场活动获得更多的优势地位，创新政策环境的优化是一种带有战略性和倾斜性的政策体制重设，它不仅要求对束缚创新要素自由流动的因素予以消除，甚至还要求对创新要素予以一定的保护，并对创新活动给予更大的鼓励。这些区别表明，虽然"双创"政策环境具有一些共同点，但也存在着较多的不同点，当前并没有从更高层面上对其进行区别，不利于战略目标和政策方向的制定，难以形成系统的长期发展战略。

（2）"双创"政策重视具体政策的制定和推行，却缺乏对社会氛围的营造和创业创新文化的塑造。根据中国社会科学院民营经济研究中心"优化创业创新政策环境促进中小企业发展调研数据库（2016）"，443 家中小企业在关于"贵企业在创业创新时遇到的主要困难都有哪些"问题的回答中，有 248 家认为缺少资金，有 259 家认为缺少人才，有 134 家认为缺少市场，有 98 家认为市场风险大企业抵御能力差，有 88 家认为政府部门税费过高，66 家认为政府部门办事难效率低（图 1-3）。这些回答表明，资金、人才、市场机会和市场风险等市场供给及需求因素是影响创业创新活动的主要因素，政府税费和办事效率是相对次要的影响因素。这也表明我国降低税费的努力和简化审批及办事手续的改革都初现成效，未来的创业创新政策环境的优化更应该注重创业创新要素和市场机会的培育。

不过，恰恰在后两个方面，政府可以操作的政策空间相对有限。尽管政府可以设立部分创业创新资金引导社会资本的投资方向，但是资本的属性仍然是逐利的，如果创业创新项目不能获得一定的预期收益率，资本是难以有效支持创业创新活动的。创业创新人才的培育，更不是一朝一夕的事情，需要通过教育和科研体制的深刻转变，历经相当长一段时期，才可能培育出足够的适应市场需要的创业创新人才。市场机会和市场风险主要取决于我国社会经济结构、经济发展水平和国际市场竞争能力，更不是短期政策调控就可以提供足够多的市场机会及有效降低风险的。尽管我国仅仅通过政策环境的优化难以在短期内达到迅速推动创业创新活动的目的，但是毕竟还是会收到一定成效，更重要的是，这些鼓励创业创新政策的不断汇集和延续，在改变创业创新观念和社会氛围方面也会产生潜移默化的作用，对相关领域内的体制改革也会提出相应的需求，从而可能会对相关领域内体制改革起到积极推动的作用。从这些意义来说，着力优化政策环境，对于短期和长期的创业创新活动仍然会产生非常积极的影响。

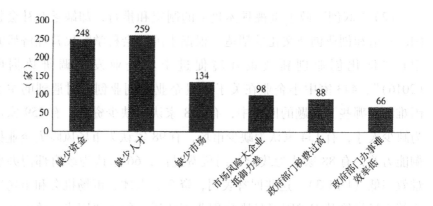

图 1-3　中小企业在创业创新时遇到的主要困难

资料来源：中国社会科学院民营经济研究中心"优化创业创新政策环境促进中小企业发展调研数据库（2016）"。

第二章　大学生创新创业教育的认识论基础

第一节　创新创业教育核心概念的界定

一、创新与创业的内涵阐述

（一）创新的内涵

（1）创新的主体。企业或个人。

（2）创新的内容。理论与观念创新、环境与文化创新、技术与艺术创新等。

（3）创新的主要表现。原创性的发明和发现，知识的创造性集成，新知识的传播和转化，体制和机制的创新，经济、管理与文化的创新等一切创新活动。

（4）创新的意义。对一个国家来讲，创新是本国家发展的动力，是前进的阶梯，随着竞争的加剧，能否创新已成为一个国家进步和发展的重要手段。创新是给民族的发展提供新鲜的血液，源源不断地输入养分，使这个国家生命力更强。福特创始人亨利·福特说："不创新，就灭亡。"

对某一个人来说，不断地创新能让这个人进步很快，以至于他的工作更加稳定，前途更加美好。具体而言，创新将决定一个人的发展前途、事业高低、勇气谋略等。

（二）创业的内涵

广义的创业是指运用自身原本具备的技能，克服思维定式，通过创造性思维以及其他努力开辟新的工作途径。其中，个人自身具备的能力包括知识、技能，同时，创业还需要个人能够运用所拥有的资源以及通过各种手段，能够获取的信息等和能够争取到或把握住的机遇。创业要求创业者不能墨守成规，思维要具有创造性，并能够将创造性思维应用于实践中，开创新的工作局面，从而获得突破性的成就。这种实现自己某种追求或目标的过程，就是创业的过程。那么广义的创业包含岗位创业。岗位创业是指在现有岗位上顺应时代发展和岗位目标的要求，全面提高自身能力和素质，创造性地发挥自己的聪明才智，通过勤奋努力地工作，在事业上取得开创性的新发展，从而为岗位提供者创造尽可能多的价值。①

狭义的创业一般指自主创业，自主创业者通常为个人或创业团队，他们往往是资源所有者，拥有一定的知识或技能，其创业的思维模式通常为自筹资金、技术投入、寻求合作伙伴等方式，这种创业能够为社会上更多的人创造就业机会。自主创业的主体是投资者和资产所有者。自主创业需要创业者有较好的资源和能力，所以，它比其他的创业要难一些，还要加大力度。②

二、创新创业教育概念辨析

国外的创新创业教育最早发端于1947年美国哈佛大学商学院开设的第一门创新创业教育课程"新企业管理"（Management of New Enterprises），并逐步从商学院扩散到其他学院。其后，创新创业教育受到各国的高度重视并蓬勃发展起来。联合国教科文组织于1989年在北京召开的"面向21世纪教育"研讨会上，提出了创业教育，强调教育要培养学生开拓事业的精神和能力，进一步推动了创新创业教育的发展。

什么是创新创业教育？中外的创新创业教育概念有何区别与联系？厘清这两个问题，是正确理解和实践创新创业教育的前提和基础。需特别说明的是，由于创新创业教育的概念在中外研究文献中出现时间

---

① 高万里，柏文静. 创业基础［M］. 北京：中国人民大学出版社，2015.
② 邹云龙. 创业发展论［M］. 北京：人民日报，2013.

较"创业教育"晚，在早期研究文献中出现更多的是"创业教育"，因此本书中的"创新创业教育"基本涵盖了"创业教育"的内涵与要义，也包含了早期研究文献中"创业教育"的所有研究内容。

（一）国外创新创业教育概念

创新创业教育，英文翻译为 enterprise and entrepreneurship education。从英文词源角度来看，创新创业教育由"创新""创业""教育"三个词语组成，其中"创新"和"创业"两个词语是"教育"的限定词。因此，要准确把握创新创业教育的内涵和要义，可以从词源角度分析创新（enterprise）和创业（entrepreneurship）、创新教育（enterprise education）与创业教育（entrepreneurship education）的区别和联系。

1. 创新教育

《柯林斯词典》对"创新"（enterprise）解释有两类，第一类是作为可数名词，指小企业、小公司或者（新的、困难的或重要的）事业、项目。第二类是将 enterprise 作为不可数名词使用，解释为"创业、企业经营；进取心、事业心；创新精神"。从"enterprise and entrepreneurship education"来看，enterprise 是作为不可数名词使用的，直接的字面意思是"创业、企业经营；进取心、事业心；创新精神"。

对于第一个限定词"创新"，不同学科的中外学者也从不同的角度在理论上给出了不同的定义和解释。最早对"创新"进行理论研究和解释的是被誉为"创新之父"的奥地利经济学家熊彼特。他在《经济发展理论》中首次对"创新"概念做了经济解释和理论研究。熊彼特认为，创新是生产函数的建立、生产手段的新组合。他将创新分为产品创新、生产方法创新、新市场开拓创新、原材料供应创新、经济组织创新五种类型。而创新是促进社会经济发展的关键要素，创新驱动力则主要来源于大量具有创新精神的创业者，创业者能够对现有经济秩序和形态进行"创造性的破坏"。

熊彼特的"创新"定义从经济学角度出发，强调创新是在实物层面和经济领域的创造。随着时代的发展，创新被赋予了更丰富的含义，涵盖的领域更加广泛。其中，世界著名教育管理机构英国高等教育质量保障局（Quality Assurance Agency for Higher Education，QAA）从教育学的角度，将"创新"定义由实务层面拓展到思维层面，定义创新为"创造性思维和新事物、新方法在实践中的运用，它将创意的产生过程和采用表达、沟通和行动来解决难题的过程有机结合起来"。

QAA 强调创新教育不仅是技能的培养，更多的是创新思维等素质的养成，创新教育就是"培养毕业生产生解决现实需求和短缺状况的创意的思维能力和技能"。创新技能包含了主动性、决策力、行动力、社交能力、识别机会的能力，以及创造性解决问题的能力、创造力、思维策略和个人效能感。"创新教育将知识获取为目标的教育拓展到情感、智力、社会和实践技能的培养。"

由此可见，创新不仅包含新事物、新方法等实践层面的创造，也包含了创意等思维层面的创造；创新教育不仅涵盖了实务层面的技能培养，也涵盖了创意等思维过程的培育。这是国外教育界对创新和创新教育定义的核心内容，也是创新创业教育理念的基础。

2. 创业教育

国外学者对创业的定义有狭义和广义之分。狭义的创业指的是商业创业，广义的创业则包含了商业创业、内创业、社会创业。在《柯林斯词典》中，"创业"定义为"与企业家有关的活动"。这是一种狭义的商业创业的定义，强调企业的创建。目前，广义的创业定义更受到人们的重视和推崇。其中，QAA 和美国哈佛大学蒂文森教授（Stevenson. H）的定义被广泛接受。在 QAA 看来，创业是综合运用创造和发展企业的创新才能，识别和抓住机会的过程。蒂文森教授认为，创业是创业者不拘泥于当前资源条件的限制和对机会的追寻，将不同的资源整合以利用和开发机会并创造价值的过程。

QAA 将创业教育定义为培养学生创建新企业、发展既有商业组织和设计创业型组织的思维和才能的实践活动。创业教育关注的重点是鼓励学生将创新才能和特质应用在现有的或者新建的企业、慈善团体、非政府组织、公共部门和社会创业。结合创新（enterprise）和创业（entrepreneurship）的词源分析来看，两者都包含了创业的含义。而且，国外学者所指代的创新创业教育落脚点更多在创业教育，强调创业教育对国家经济发展的创新驱动和就业带动作用。①

（二）我国创新创业教育概念

从研究文献的视角来看，纵观国内的创新创业教育研究文献，国内学者对创新创业教育概念的理解并不统一，主要有以下三种理解：一是把创新创业教育理解为创新教育与创业教育的结合；二是把创新创业教育理解为创新教育；三是将创新创业教育理解为创业教育，或者说实际指代为创业教育。第三种理解出现在大多数的国内文献当中。

此外，从政府关于"创新创业教育"表述的变化来看，我国的创新创业教育概念与"创业教育"的发展密不可分。1999 年，"创业教育"首次出现在教育部《面向 21 世纪教育振兴行动计划》，该行动计划旨在响应联合国教科文组织的号召，推动创业教育工作的开展。从2003 年开始，我国面临由于经济转型和高校扩招带来的双重就业压力，政府希望通过发展创业教育来达到"以创促就"。2010 年，教育部颁布《关于大力推进高等学校创新创业教育和大学生自主创业工作的意见》，首次提出发展"创新创业教育"，"创新"正式加入"创业教育"中，"创新创业教育"的提法从此流行起来。在十八大报告中，党中央提出"要坚持走中国特色自主创新道路，以全球视野谋划和推动创新，提高原始创新、集成创新和引进消化吸收再创新能力，更加注重协同创新"，自主创新成为党和国家重点鼓励发展的创新形式。

从各种政府文件表述和当前我国研究的重点来看，我国的创新创业教育侧重创业教育，但更多强调能够培养原始创新意识和素养的创业教育，其本质是创新型人才的培养。我们提倡的"创新创业"的重点在于创业，是蕴含丰富创新元素的知识型创业，区别于传统的生存型创业。

（三）创新创业教育相关概念的关系辨析

国家和政府不断地推出新的政策和法规，2010 年教育部推出《关

---

① 梅伟惠. 美国高校创业教育［M］. 杭州：浙江教育出版社，2010.

于大力推进高等学校创新创业教育和大学生自主创业工作的意见》明确指出，深化开展创新创业教育的目的是"深化高等教育教学改革，培养学生创新精神和实践能力的重要途径；是落实以创业带动就业，促进高校毕业生充分就业的重要措施"。所以，各大院校能很好地开展自主创新教育，让学生领会其内容，那么如何进行自主创业，更好地为社会服务，这是一个长久的工程，我们要把其进行细化，具体从以下5个方面进行阐述。

1. 创新教育与创业教育

从这两个概念来看，创新与创业既有区别，又联系紧密。创新包含创业，创业蕴含创新元素。

（1）在概念包含的内容上，创新比创业具有更为丰富的内涵，是个更加一般化的概念。创新是个适用于任何教育领域的理念，而创业特指在创建企业、发展原有事业和设计创新型组织中创新思维的应用。

（2）创业体现了创新元素，是创新的具体表现形式。无论是商业创业者，还是社会创业者、内创业者，都运用了新的思维、方法、工具等创新元素来识别和抓住社会生活中的机会，从而取得成功。可以说，没有创新，就没有创业的成功。英国政府 2008 年研究报告《创业：开启英国智慧》更是把创新视为"创业的核心驱动力"。

（3）创新强调的是思维层面的创造，而创业更多是着重于实践层面的创造。黄兆信（2013）认为，"创业是一个更加注重实践性、个体性、多样性的过程。"在创业中，要注重实践性，实践出真知，同时还要注重其变化多端的特征。同样，正如李志义（2014）认为，创新是思维层面的创造，强调勇于开拓、敢为人先的思维和精神，而创业更多强调的是实践层面的创造，注重新企业、新组织和社会创业的创造。

创新和创业两个概念之间既有联系也存在着区别。我们认为创新是一种能力的再创造，强调开创性个性的培养，更多属于思维和精神层面，具有内在性。创业教育则更多注重实践层面，实践性非常强。两者是相辅相成、联系紧密的教学理念。大多数研究者认为，创新教育是创业教育的开端，而创业教育则是创新教育的发展空间。一方面，创新教育旨在培养大学生的创新创业意识、创新思维，为大学生进行创业实践打下良好的素质基础；另一方面，创业教育是创新教育在创业领域的具体表现和运用，是"大众创业、万众创新"时代的具体要求和教育领域的发展重点，它以培养体现创新要求的创业技能、成立适应时代要求的创新组织和创建新企业为目标导向，是创新教育发展的新历史阶段。

2. 创新创业教育与就业

对大学生自主创业和就业这个问题，一直备受关注。创新创业与就业的关系因此受到人们的普遍关注和讨论。一方面，团队合作、创新思维以及完成任务所需的自制力等创新创业才能已被国外雇主视为合格雇员的首要素质和技能。另一方面，国外学者研究发现，创新教育可以让学生更加关注机会，具有更灵敏的商业触觉和认知力，从而强化职业规划教育和提高就业竞争力，而创业教育也能够给予学生更多的职业选择空间。无论是创新教育还是创业教育，国外学者都认为其对就业有积极的促进作用。

我国政府和学界也持类似观点，认为创新创业教育可以改变大学毕业生以"被动就业"为主的就业观念和拓宽就业途径，把加强创新创业教育作为扩大就业的重要举措。2010 年教育部颁布的文件《教育部关于大力推进高等学校创新创业教育和大学生自主创业工作的意见》（教办〔2010〕3 号）就提出，以创业带动就业，通过创新创业教育达到提高人才培养质量和扩大就业的目标。在此基础上，国务院办公厅在 2015 年 5 月颁布的《关于深化高等学校创新创业教育改革的实施意见》（国办发〔2015〕36 号）指出创新创业教育是"促进高校毕业生更高质量创业就业的重要举措"，进一步将创新创业教育的作用从扩大就业数量提升到提高就业质量的新阶段。

3. 创新创业教育与素质教育

创新创业教育是素质教育的一种，但不等同于一般的素质教育，它是素质教育的新境界。创新创业教育培养的是知识经济时代所必需的创新创业精神和创业意识等隐性知识和素质，是应对知识经济时代挑战的必然途径。创新创业素质不同于通常素质教育中的科学素质、人文素质等素质，它是层次较高的、较综合的素质，具有以下特征。

（1）强烈持久的、主动追求新事物与卓越，乐于异想天开，具有鲜明的个性。

（2）积极搜寻信息、识别机会与利用资源，时间管理能力强。

（3）不满足于现状，敢于冒险，善于规划未来，对不确定性的风险容忍能力强。

（4）信念坚定，有执着和惊人的毅力。

（5）善于处理压力和挫折，能够转危为机。

（6）勤于反思和思考，敢于担当。

（7）对变化采取积极和欢迎的态度，把变化作为生活方式。

创新创业教育与素质教育的紧密关系，揭示了创新创业教育的发展趋势是全校性重大课题，就是让学生培养新的目标和意识，不能局限于个别自主创业者和创业精英。它绝不是一种精英教育，而是贯穿于人才培养全过程、全员参与的全民素质教育。

4. 创新创业教育与专业教育

创新创业教育离不开专业教育。它不能脱离专业教育，若是脱离了专业教育的创新创业教育将失去专业的支撑和实践场所，使得创新创业只能停留在思维层面，难以深入实际生活中。它们的深入融合，是一种新的发展方向，也是社会发展的需要。正如中国高等教育学会会长曹胜利所说："人的创造性是不能像具体技能和技巧那样教授和传授的，它必须通过现代科学知识和人文知识所包含的文化精神熏陶和教化才能潜移默化地生成。"世界著名的美国考夫曼基金会的首席执行官兼主席 Carl J. Schramm 对"创新创业＋专业"的复合型人才培养模式倍加推崇，认为这是新的发展方向和目标，使其不断融合，互为补充，共同进步。此时，在它们融合的过程中，专业教育摆脱了"学科本位"和"岗位本位"两种错误的教育模式，回归到"育人本位"和"素质教育"之中，从而引领专业教育改革的方向。

5. 创新创业教育与实践教育

从广义上来说，实践教育是"实践育人""知行合一""教学做合一"的教育理念，是一种以实践活动为载体，以提高学生的实践能力和综合素质为目标的教育思想和理念。而创新创业教育体现了"知行合一"的哲学思想，将教与学、学与做、做与能力转化结合在一起。因此，创新创业教育相对于理论教育、学术教育来说，具有很强的实践性，与实践教育密不可分。创新创业教育领域存在着大量的隐性知识（或者"缄默知识"），"不能通过语言进行逻辑说明，不能以规则的形式加以传递，不能加以批判性地反思"，只能在创新创业实践活动中"干中学"。同时，创新创业教育又与一般的实践教育不同。一方面，创新创业教育的实践活动创新元素含量较高。创新创业教育强调以创新的思维和创新的方法开展实践活动，对实践活动的创新元素要求较高，陈旧的、落后的实践方式和内容必然排除在外。另一方面，两者的实践领域不同。创新创业教育的实践活动专注于创新创业领域，而实践教育的实践活动范围则非常宽泛，包含了有助于培养学生实践能力和综合素质的所有实践活动。

第二节　创新创业教育的理论基础

探讨创新创业教育的本质要以马克思主义立场、观点和方法为指导，遵循教育本质、大学本质和创新创业本质的规定性，重点克服因完全同一、高度重合而丧失特点，或由于背离和矛盾而误入歧途的两个不良倾向，既不"泛化"本质也不"窄化"本质。在此基础上，以深刻的哲学思辨作为支撑，深入解答与创新创业教育本质密切相关的基本问题。

一、创新创业教育本质论的指导思想

古今中外有关教育本质的论述非常多，虽然可以归结为社会和个体两个方面，但是细致梳理古今分殊与中外异同，就会发现不同的本质论受到不同阶级立场的支配。站在什么样的立场就有什么样的指导思想，有什么样的指导思想就有什么样的教育本质论。这就要求我们高度重视教育本质论的马克思主义立场、观点和方法问题。马克思在

《关于费尔巴哈的提纲》中用实践的观点来阐述人的发展与社会发展的关系，指出："有一种唯物主义学说，认为人是环境和教育的产物，因而认为改变了的人是另一种环境和改变了的教育的产物——这种学说忘记了：环境正是由人来改变的，而教育者本人一定是受教育的。因此，这种学说必然会把社会分成两部分，其中一部分凌驾于社会之上。例如，在罗伯特·欧文那里就是如此。环境的改变和人的活动的一致，只能被看作是并合理地理解为变革的实践。"这段经典论述说明三个问题：首先，人是环境的产物，但人不是消极地接受环境的影响；其次，人在改造环境的过程中改造自身；最后，在革命的实践中实现环境的改变和人的活动的一致。在这一思想的指导下，我们要遵循以下两个基本原理：一是全部人类历史的前提无疑是有生命的个人的存在；二是人是一切社会关系的总和。这样就辩证地解决了社会本位与个体本位的关系，能够准确地实现目标。

二、创新创业教育本质的规定性

创新创业教育的本质有着三重规定性。第一，教育本质的规定性。由于教育就是培养人的一种社会活动，就是个体的社会化过程，这就内在地规定了创新创业教育的本质也要具有这两个方面的规定性。第二，大学本质的规定性。由于本研究涉及的创新创业教育主要是在大学面向全体学生开展，大学在人才培养、科学研究、社会服务三个方面的本质规定性内在地影响到创新创业教育的本质。第三，创新创业本质的规定性。创新创业是一个复合名词，之所以要这样使用而不是单独使用其中一个名词，意在强调和突出创新对于创业的重要意义和创业对于创新的科学指向，这就内在地规定了创新创业的全新本质。创新创业教育的本质必须寻求与这三重本质三点一线、三位一体的规定性，既不能完全同一、高度重合而丧失特点，也不能有因些许的背离和矛盾而误入歧途。

三、以哲学的视角探讨创新创业教育的本质

创新创业教育的目的是什么？是简单的创业吗？是传统的一言堂

吗？能让学生学到哪些比较实用的知识，对他们今后的就业有什么帮助呢？创新创业综合素质的核心和关键到底是什么？对于这些问题的本质追问构成了理解创新创业教育本质的"前提批判"。本研究借助黑格尔关于哲学的巧妙比喻，尝试着从哲学层面揭示创新创业教育本质。

（1）"消化与生理学"。创新创业教育是教人创业的吗？这在学术界颇有争议。为了回答这一问题，我们可以通过黑格尔"消化与生理学"的比喻，来进行深入分析。列宁在阅读黑格尔的《逻辑学》时引证了黑格尔关于"消化与生理学"的比喻，他这样写道，黑格尔"关于逻辑学说得很妙：这是一种'偏见'，似乎它是'教人思维'的（犹如生理学是'教人消化'的）"。孙正聿先生对这一比喻的解释是："谁都知道，人用不着学习'生理学''消化学'，就会咀嚼、吞咽、吸收、排泄；反之，如果有谁捧着'生理学'或'消化学'去'学习'吃饭，倒是滑天下之大稽。显然，'生理学'并不是'教人消化'的。同样，人的'思维'也不是'逻辑学''教'出来的。"

通过黑格尔"消化与生理学"的比喻，认为就像生理学不是教人消化，逻辑学不是教人思维一样，创新创业教育不是简单地教人如何创造、创新、创业，而是展现创造、创新、创业发展的概念运动过程和基本规律。人们通过研究创造创新等发展规律，通过学习掌握知识，进而认识创新教育的本质特征，达到对于创造、创新、创业的真理性认识。①

（2）"动物听音乐"。创新创业教育就是传统管理教育的拼盘吗？黑格尔关于"动物听音乐"的比喻对于深入思考这个问题很有启发，他说这就"像某些动物，它们听见了音乐中一切的音调，但这些音调的一致性与和谐性，却没有透进它们的头脑"。孙正聿先生对这一说法理解为："哲学不是现成的知识性的结论，如果只是记住某些哲学知识或使用某些哲学概念，那就会像'动物听音乐'一样，听到各种各样的'音调'，却听不到真正的'音乐'。"

---

① 金林南．思想政治教育学科学范式的哲学沉思［M］．南京：江苏人民出版社，2013．

这一形象的比喻使我们深刻地认识到创新创业教育的整体性特征。我们要传授给学生的不是市场营销、金融财务、运作管理、人力资源、质量控制方法等单个的音调，而是通过有机整合，使学生体会到"音调的一致性与和谐性"；我们要达到的目的不是教会学生对与创业相关的知识进行高谈阔论，却对"新企业首先被创建，继而成长、收获，然后是再一次的创建"这一完整的创业过程缺乏整体把握，以至于把创业看得过于容易。黑格尔关于"动物听音乐"的比喻，可以帮助我们深刻理解创新创业教育的"通盘整体性"。具体来说，从教育内容来看，创新创业教育更重视整体性，这与传统的管理教育不同；从教育方法来看，创新教育必须改变传统的教学方法，改变过去一言堂的教学手段，努力改变教学方法确保实现制定的教育目标；从教育过程来看，创新创业教育是一个艰难的转化过程，从接受知识到形成智慧，需要付出艰辛努力。

（3）"密涅瓦的猫头鹰"。创新创业教育能够给予学生的核心能力是什么？黑格尔将哲学比喻为"密涅瓦的猫头鹰"，以此来深刻理解成熟理性的力量。对于这一比喻，孙正聿先生解释道："这里的'密涅瓦'即希腊罗马神话中的智慧女神雅典娜，栖落在她身边的猫头鹰则是思想和理性的象征。黑格尔用密涅瓦的猫头鹰在黄昏中起飞来比喻哲学，意在说明哲学是一种'反思'活动，是一种沉思的理性。"进而他指出，这一形象的比喻含义很深，可以理解为"哲学的反思必须是深沉的，自甘寂寞的，不能搞'轰动效应'"。这一解释和概括对于我们深入思考创新创业教育的本质很有助益，创新创业教育是指向创业行为的，实践是它的本质属性。但是，在创新创业教育与创业行为之间是有时间间隔的，并不是创新创业教育一结束就能马上展开创业行为，开始创业行为需要"沉思的理性"做基础。

对于创新创业的理解，还要有更为整体和系统的视角。过去，我们往往过多关注政府、社会、高校和学者的观点，而很少从学生的视角来审视创新创业教育的内容。正是基于这一问题，我们认为创新创业教育教什么不能由它自身来决定，不能是我们认为什么重要就教什么，也不是我们会什么就教什么，而是必须充分考虑到它的教育对象，即大学生的需要。简而言之，大学生希望创新创业教育教什么，它就应该教什么；大学生最缺少什么，它就应该教什么。从这个角度来思考，我们认为创新创业教育的核心在于培养学生理性的行动能力，既要行动又要远离空想。要做到这一点，必须借助理性的力量，这就是创新创业教育能够给予学生的核心支撑。

（4）"同一句格言"。创新创业综合素质的核心和关键到底是什么？"黑格尔认为，同一句格言，在一个饱经风霜、备受煎熬的老人嘴里说出来，和在一个天真可爱、不谙世事的孩子嘴里说出来，含义是根本不同的。"例如黑格尔所讲："老人讲的那些宗教真理，虽然小孩子也会讲，可是对于老人来说，这些宗教真理包含着他全部生活的意义。即使这小孩也懂宗教的内容，可是对他来说，在这个宗教真理之外，还存在着全部生活和整个世界。"孙正聿则认为，"黑格尔的这个比喻告诉人们，哲学不仅仅是一种慎思明辨的理性，而且是一种体会真切的情感，不仅仅是一系列的概念的运动与发展，而且是蕴含着极其深刻的生活体验"。这正是创新创业教育与哲学教育的相通之处，同哲学一样，创新创业是一个不断发展、不断提高、陶冶的过程，不能搞"短训""突击"和"速成"。

黑格尔"同一句格言"的比喻启示我们深入追问创新创业教育到底能给学生什么？可以概括地说，是培养学生的创新创业综合素质。那么综合素质又是什么？是知识、能力，还是意识、精神？创新创业综合素质既包括这些内容在内，但是又不仅是这些所有教育类型都需要培养的一般素质。我们认为，由于创业具有突出的实践性特征，对于创新创业综合素质来讲，更为重要的是丰富的生活体验。一个人的生活体验是一种人生阅历、一种教育方式、一种情感状态，是教育的直接来源。而作为具有很强实践性的创新创业教育来说，生活体验更是必不可少。

第三节 创新创业教育的科学本质

一、大学生创新创业教育的重要地位与作用

在全球发展大势中，创新所发挥的作用日益凸显，由其引申出的改进或创业都显示出创新型人才在未来全球发展中具有强大的竞争优势。所以在推动经济的转型发展、培养创新人才方面，高校理应有所建树，并且应该发挥出巨大的建设性作用。国务院和教育部颁布了一些关于创新教育的文件，文件明确指出大专院校进行创新教育，是国家实施创新驱动发展战略、促进经济提质增效升级的迫切需要，是推进高等教育综合改革、促进高校毕业生更高质量创业就业的重要举措。由此，就从国家层面上，进一步明确了创新创业教育作为高校适应国家发展、人才需求的重要教育理念与模式的地位，这既是全球化的知识经济时代下社会经济文化发展转型的需要，也是全世界高等教育改革的需要，更是新时代大学生人才培养与素质提升的需要。

（一）深化社会经济发展新转型

进入 21 世纪，国外发达国家的创新发展能力对社会经济发展的贡献越发明显。相关国家都不断强调创新创业教育，借此深化社会经济发展的转型升级，主要体现如下：

（1）通过制定国家政策法案的形式来改善创新创业教育的外部环境。以美国为例，早在 2004 年，美国提出《创新美国》报告，制定国家创新倡议，建设国家创新系统，对创新机制中的程序进行完善。2009 年奥巴马政府推行的《美国复兴与再投资法案》《美国创新战略：推动可持续增长和高质量就业》和 2011 年的《美国创新战略：确保我们的经济增长与繁荣》以及奥巴马历年的国情咨文，都能体现美国政府始终将创新作为提升国家竞争力的核心，以此保障未来经济和国家安全。

（2）把创新创业教育升格为国家发展战略的高度。例如，2009年11月法国政府确定了创业教育在国家发展上的战略要求，希望通过创业教育让从学校毕业的年轻人具备创新意识和创业能力，从而促进法国的创新发展，提升整体经济活力。同样，以色列对创新创业教育的战略定位也非常明晰，就是要培养高科技、高创新能力的人才，服务于国家发展战略，提高国家的经济、军事水平，实现国家的长远发展。

反观国内，改革开放已40年，由于我国的特殊国情，在一些地区，劳动力较低，资源和政策的倾斜，促使我国经济快速发展。可是，和国际相比较，特别与世界接轨后，这些优势就不复存在了，长久下去将会逐渐消失。受惠于全球科技创新技术及创业能力的提升，我国的技术创新能力也有所提高，在经济发展方式的转型升级上也取得一些实质性进展。但"2010—2030年中国产业结构变动趋势分析与展望"课题组研究发现，中国的产品附加值并不高，制造业增加值率还不到30%，这和美国、日本相比分别低23%和22%，尤其是在通信设备、电子计算机及相关设备制造业领域，增加值率仅为22%，"高技术产业"并没有带来高附加值。同时，课题组还对六个行业的2600多家工业企业开展了技术创新调查，发现开展原始创新的仅占6.0%，开展集成创新的占45.3%，而引进专利、专有技术的占72.1%，通过购买设备开展工艺创新的占65.5%。仅仅就技术对外依存度这一项而言，我国创新指数虽然有所上升，但是内生性的、高质量的创新驱动还是非常不足，迫切需要改变对国外技术工艺创新的依赖，真正构筑起具有中国特色的创新创业大局才是中国经济成功转型升级的基石。

科技创新是提高社会生产力和综合国力的战略支撑，必须摆在国家发展全局的核心位置。全国人大十二届三次会议通过的政府工作报告也强调，当前经济增长的传统动力减弱，必须加大结构性改革力度，加快实施创新驱动发展战略，改造传统引擎，打造新引擎。随后，国务院办公厅出台了《关于发展众创空间推进大众创新创业的指导意见》（国办发〔2015〕9号），部署推进"大众创业、万众创新"工作，直接推动了一批低成本、便利化、全要素、开放式的众创空间大量涌现。

尤其值得注意的是，国务院印发的《中国制造 2025》（国发〔2015〕28 号），这是我国实施制造强国战略第一个十年行动纲领，提出"到 2025 年，制造业整体素质大幅提升，创新能力显著增强，全员劳动生产率明显提高两化（工业化和信息化）融合迈上新台阶"。同时，其提出包含创新驱动、结构优化和人才为本等重要字眼在内的五点方针。

以上举措都表明，中国政府要全力开展自主创新，动员大学生创业，同时也号召在职人员进行再就业，让社会经济长足发展，同时技术手段也要不断更新，减轻国家压力，更好地为社会服务。现在竞争力很大，大学生的压力也很大，常言道：没有压力就没有动力。所以在技术上要多创新，这样在社会上才能有所发展，才能占有一席之地。为国家可持续发展做贡献。同时，也对国民的素质提高，赶超世界先进国家，做出自己的贡献，对我国经济发展也具有一定的意义。

既然创新驱动被视为社会经济文化转型发展中强有力的推手，国家也力图构建以企业为主体、市场为导向、产学研相结合的技术创新体系来有力支援，这需要国家、社会和个人的努力，他们与企业挂钩，共同创造一个新的市场，形成一个具有新特点的创新方法，来满足现形式发展的需要。可是怎样发挥个人的创新能动性，构建创新型人才梯队，关键要看创新创业教育的普及力度与针对性，真正发挥出创新创业教育在指导学生开展创新训练和创业实践，在服务国家加快转变经济发展方式、建设创新型国家中的深度作用。一个国家，随着社会整体的创新创业教育水平和创新创业实践能力的提高，社会的创新创业型人才成长得越快，创新创业教育的社会效应和经济效应也越加明显。

（二）推动高等教育综合改革新发展

《高等教育质量报告（2016 年版）》指出，中国高等教育存在专业水平不够高，科研课题提不到日程，人才不够专业，高校自主创新仍然很薄弱，就业与所学专业相关性不高等问题。另外，报告也肯定了很多学校重视创新创业教育，但缺乏制度保障和科技成果转化平台，社会支持大学生创新创业实践的空间还比较有限，尚未形成长效机制，推进"大众创业、万众创新"的实招不多。

要走出上述困境，必须力争创建世界一流大学和一流学科、优化学科专业布局和人才培养机制，关键在于明确高校创新创业教育的培养目标和合理设置培养模式。目前，世界部分国家已在创新创业教育中获得高等教育综合改革的动力，主要表现在以下方面，相信对我国走出上述困境有所启发。

（1）促进高等学校管理制度改革。美国将创新创业教育引入教师聘用与晋升、入职培训、奖励制度、教师管理等各个方面。部分高校开始出现教师聘用和晋升文化的转变，即高校教师聘用和晋升时，大学不仅强调教师对研究的学术领域发展感兴趣，而且须掌握技术应用到商业领域的方法和从事与他们学科相关的创业活动。

（2）促进高等教育课程体系完备化。英国高校的创新创业教育课程已经形成了一个多元互动体系，不仅有创业启蒙教育、创业通识教育，同时还有创业专业教育，近年来还逐步向学士、硕士、博士一体的实践项目体系转变。

（3）整合大学生创业教育与创业研究。英国非常重视具有创业精神的师资队伍的建设和培养，并已构建了一批专门从事创业学术研究和教学的教师群体。英国高等教育学院和美国考夫曼基金会共同设立了"国际创业教育者项目"，此项目旨在把创业精神融入大学的所有课程和教职工的意识中，提高教师的创业教育水平。创业教育的专职教师大多具有创业经验，可以很好地将创业理论和创业实践结合起来，不但可以为学生提供创业实践指导，同时可以根据市场的变化调整教学内容，从而取得事半功倍的效果。德国则从 20 世纪 70 年代开始在大学建立创业教育的教授席位制度，形成了以社会科学、自然科学和人文科学为基础，结合各高校特色的创业研究和创业教育体系。

（4）实现高等教育跨学科课程的融合。以德国为例，该国创新创业教育的特点是其内在的跨学科性。创新创业需要一种整体的教育，既能跨学科，又能把不同学科整合起来。站在创业者的实际立场考虑，单学科的知识和技能（如仅仅掌握人事管理或会计）是远远不够的。

因此，创新创业教育的首要目标是脱离专一化并转向整体化。比如说，在基础管理和早期发展管理阶段，就必须考虑到经济和科技学科的融合。这种跨学科整合使学术教育实现革新，同时也能测试全新教学方式的可行性与成效。

我国高等教育综合改革也从创新创业教育的发展中逐渐受益，主要表现在以下两个方面。

1）高等教育与社会需求的适应度逐步提升。近些年来，为了适应社会的需要，使地方经济快速发展，早日实现我国的强国梦，一些大专院校主动和各企业、工厂联合办学为国家培养更多的专业人才，投入到基层。让大学生把课本上学到的知识运用到实践中去，实现校企统一，这种联合办学在一些地方已经有所成效。

2）高等教育培养目标逐步清晰化。在一些院校中有计划地培养一些具有特点的学生投放到社会，以适应社会的需求。那些哲学社会科学人才有 85% 以上的科研成果集中在高校，在国家自然科学"三大奖项"中高校获奖数量占 75% 以上，国家创新体系建设的贡献度也明显提高，一些大专院校把培养人才放在首位，根据各地的实际来培养学生。在 2009 年之前，新建院校自觉面向地方、行业培养应用型人才的比例不足 80%；尔后，所有的新建院校的办学目标都放在地方急需人才上。

由此可见，创新创业教育已经成为高等教育综合改革发展强有力的推手。高等教育必须紧密结合社会发展趋势，提高创新创业教育的理论水平和师资队伍水平，从自主创新的实践中总结一些经验教训，结合教育理论不断提高创新创业教育成效，为高等教育综合改革不断注入新动力。

（三）引导大学生综合能力新提升

《意见》指出，深化高等学校创新创业教育改革，是促进高校毕业生更高质量创业就业的重要举措。例如要求各高校改善学生创业指导服务，建立健全学生创业指导服务专门机构，创新创业资金支持和政策保障体系；整合发展财政和社会资金，支持高校学生创新创业活动；贯彻执行各项方针和政策，把培养大学生创业放在首位；鼓励社会组织、公益团体、企事业单位和个人设立大学生创业风险基金。由此可见，创新创业教育在转变大学生就业观念、带动就业新方向方面起到很大作用，而就业观念与方向的转变也直接引导着大学生综合能力的新提升。

创新创业教育是基于学生个性化特征，以培养适应社会需要的人才，培养学生的综合能力，制定新的奋斗目标。大学生能根据教育的系列培训课程，不仅能重新定位创业方向，还能够提升自身的综合能力，为日后的工作积累一定的经验，掌握更多的有用知识。

新型的教育能使学生的兴趣转化为专业，培养个性化学习特征。例如，德国创新创业教育能实现以学生的兴趣为主导的专业化，打破传统的教师与学生的角色。学生在教师的引导下，主动、积极探索问题，提高解决问题、论证和决策能力。创新创业教育的对象和教育形式要求学生自主行动，制定并公开展示解决方案，表达自己的建议或独立见解，从而使自己的个性得到全面发展。

创新创业教育能培养学生的创新思维和创业能力。创新创业教育注重引导学生主动学习、参与实践，积极培养学生的自主创新能力和方法。不断开展创新创业教育，培养新型的创造型人才，让学生勇于承担竞争风险，培养学生的韧性，要有耐心，具有可持续发展能力，从新的高度提升自身综合能力与专业素养。

创新创业教育有利于培养学生的跨学科能力，能帮助学生更好地识别不同专业领域的创业机会，减少创业阻力。基于交叉学科的创新创业教育已经成为教育领域发展的新趋势。大学生创新创业不仅仅需要本专业的学科理论与知识，还需要具备沟通能力、阅读能力、商务知识等。在创新创业的过程中，关键在于跨学科能力的储备与运用。创新创业教育能够为学生提供跨学科的培养模式，提升学生的跨学科能力。

创新创业教育有利于培养学生的创新创业水平。例如，加拿大麦克马斯特大学（McMaster University）有一门研究生的创业课程，名为工程、创新与创业硕士课程（Master's Degree in Engineering,

Entrepreneurship&Innovation，MEEI），帮助学生将创新想法转化为现实中的新产品并创建新的公司。加拿大高校广泛采用举办创业者研讨会和工作坊，商业计划和创业资本竞赛活动，创业导师计划和创业个人辅导，创业企业实地参观、投融资洽谈会、商业实习等课外活动，通过将学生置于模拟或者真实的创业环境中，让学生了解创业，对创业有切身体会，强化学生的企业家精神培养和创业能力。国内高校与此相似的做法如开设创新创业教育孵化基地，评估学生的创新创业理念与方案，并实行产校合作的模式，为学生的创新创业方案提供实践机会。创新创业教育理念与实践相结合的实施模式，有利于提高学生的创新能力，发现问题及时解决，培养学生解决和处理问题的能力，不断提高学生的实践能力，使创新创业教育能够适应社会需求的发展趋势。

创新创业教育能够转变学生的就业观念，增强自主创业的自信心，提高就业竞争力。目前，高校毕业生就业压力大主要有两个原因，一是高校扩招和经济环境的影响，二是大学生自身素质不能完全满足社会的需要。相比较而言，第二个原因是根本性的。我国大学生就业压力是结构性的就业压力。因此，为从根源上改变就业压力大的困境，高校自主创新教育应该早日纳入日程，把大部分精力都投入到新的领域，让大学生早日融入社会，创建新的体系，让大学生就业率有所提高。另外，创新创业教育应针对学生创新创业的兴趣与能力，制定个性化的培养方案，提高学生创新创业的理论与实践水平，丰富学生的创业信息，为学生的创业阶段奠定扎实的基础。

正因为创新思维与创业能力在大数据时代背景下日益重要，所以作为创新思维与创业能力的主要且重要的培养途径——创新创业教育就更加需要在全球化视野下进行精准分析，继续让创新创业教育在深化社会经济发展转型、推动高等教育改革前进、引导大学生综合能力提升三方面提供源源不断的前进动力。

二、大学生创新创业教育的价值

教育的价值问题要回答教育"为什么"的问题。教育价值论比本质论和目的论更为复杂难解，主要原因在于作为一般哲学概念的价值本身是一个非常复杂的哲学问题，为了深入理解教育的价值问题必须先对价值本身有一个正确认识。在此基础上，我们要深入思考什么样的创新创业教育最有价值？这是当前深入开展创新创业教育的逻辑前提。如果按照一般的说法，认为在高校开展创新创业教育就是要使更多的大学生去创业，通过一人创业带动多人就业，这就会使社会过多地将关注点聚焦在大学生"创业率"和"成功率"上，而当社会发现创新创业教育并没有使得"两率"明显提高时，就会反过来质疑创新创业教育的价值。显然，常识层面的认识水平无法解决深层次的理论问题，我们必须找到创新创业教育"不可替代"的独特价值。只有如此，才能为创新创业教育找到坚实的逻辑前提。著名经济学家成思危认为："经济能保证我们的今天，科技能保证我们的明天，而创业教育能保证我们的后天。创业教育是启动中国新一轮经济增长的强大动力，其重要性如何强调都不为过！"大力发展创新创业教育，有利于把人口压力转化为人力资源优势。这就要求创新创业教育培养造就数以亿计的创新创业型人才，成为经济增长的强大动力，这就是创新创业型人才在大众创业、万众创新时代所具有的独特的社会价值和个体价值。

（一）创新创业教育的社会价值

创业要实，切不可好高骛远。社会上普遍存在着大学生创业必须"做大事""创大业"的认识观念。由于大学生有知识，于是社会希望大学生创业是"知识创业"；由于大学生参与科技活动，于是社会希望大学生创业是"高科技创业"；由于"大学是常为新"的，于是社会希望大学生创业是"创新型创业"。当前社会最需要的是以创新创业驱动经济发展，这是价值导向，但不是说其他类型的创业活动就毫无价值。基于此，我们将创新创业活动分为四种类型，与之相匹配的创新创业教育分别具有相应的价值。一是以创新创业驱动经济社会发展；二是以创造价值为目的的机会型创业；三是以创业带动就业；四是以解决生存问题为目的的生存型创业。我们鼓励以创新创业驱动经济社会发展，同时要着眼于机会型创业和以创业带动就业这个大多数，对于生存型创业也要看到其对社会稳定所起的重要作用，支持它渐次发展进步。

1. 以创新创业驱动经济社会发展

当前中国经济进入"新常态"，经济发展的驱动方式由投资拉动为主变为现在的创新驱动。创新驱动发展战略是一个立足全局的国家战略，而不是一个短期的、局部的战略。对于教育来讲，创新驱动实质上是人才驱动，教育要通过培养创新创业型人才来为经济社会发展服务。

教育的发展需要我们以全新的视角来认识全面推进创新创业教育的重要性。这就要求我们不断提高审视全面推进创新创业教育的高度，只有这样我们才能认识到全面推进创新创业教育作为国家实施创新驱动发展策略的战略性，才能认识到全面推进创新创业教育对于推动国民经济提质增效升级的实用价值，才能认识到全面推进创新创业教育是国家的服务创新型建设，才能清楚地认识到全面推进创新创业教育是国家培养创新型人才的重要途径。

只有当创新创业教育与经济发展"新常态"的基本内涵深度契合，才可能更好地实现中国经济发展调速不减势、量增质更优；才有可能在"大众创业、万众创新"全面发展创业的背景下，更好地实现中国经济提质增效升级。通过创新创业教育培养创新型国家建设所需的创新型人才已经成为全社会的共识。

（1）从创新创业教育自身的发展历程来看，创新创业教育培养的人才更加符合社会发展的需求。通过创新创业教育为一代新人设定"创业遗传代码"，突出培养他们的创新创业型人格，具体来说就是一种强烈的创新创业的精神力量，可以使人战胜挫折，向既定目标顽强努力。有了崇尚创新、敢于创业的人才，国家才有光明前景，社会才有蓬勃活力。通过创新创业教育，在全社会形成良好的创新生态，倡导敢为人先、勇于冒尖的创新创业自信，使创新创业成为全社会的一种价值导向、一种生活方式、一种时代气息，形成人人崇尚创新创业、人人希望创新创业、人人皆可创新创业的社会氛围。

（2）从创新创业教育与高等教育的关系来看，创新创业教育对新时期高等教育的改革，起到了极大的推动作用。由于学校教育是向社会输出人才的枢纽，因此，培养创新人才成为新时期高等教育艰巨的使命和全新的任务。世界各国纷纷以创新创业教育为切入点全方位地进行高等教育的改革，他们将创新创业教育思想积极融进整个高等教育，改革领域之广泛前所未有，无论是课程、教学还是师资、管理，甚至是评价和拨款机制都发生了全新的变革。

国务院颁行的《关于深化高等学校创新创业教育改革的实施意见》，确立了创新创业教育的指导思想——应该"以推进素质教育为主题，以提高人才培养质量为核心"，将"加快培养规模宏大、富有创新精神、勇于投身实践的创新创业人才队伍，高素质创新型人才"作为面向全体学生的首要目标，这一全新的价值定位，使得中国高校创新创业教育更加理性和稳健。

（3）从政府、企业与大学的关系来看，创新创业教育成为三者联动的桥梁和纽带。知识经济时代，大学与企业的关系已经发生了根本性改变。以前，大学主要以输送人才、提供咨询、转让专利等方式为企业服务，这种大学与企业之间的关系在当今时代继续得到发展和延续。但是，随着知识经济社会的到来，知识资本化、创新市场化的速度明显加快，高校逐步走出"象牙塔"，走向社会的中心，通过直接兴办高科技产业，引领科技产业发展方向。中国的研究型大学都在抓住机遇，顺应知识经济带来的变化，加强高科技产业发展。在此过程中，为创新型国家建设和现代企业发展培养人才是高校服务社会的传统领域。在此基础上，高校以创办科技园、兴办新兴产业的方式，加强高科技成果的应用和转化，直接服务于创新型国家建设和现代企业发展，这是一种全新的政府、企业、大学的"三螺旋"结构。在这样的大学，高层管理者全力支持创业教育、成立专门开展创业教育的机构，通过广泛开展创业教育，培养学生的创业行为、创业技能和创业态度应对不确定性和复杂性，帮助学生了解创业者在创业组织中的生活世界。

2. 以创造价值为目的的机会型创业

"机会型创业"是指由机会动机导致的创业活动。"机会型创业"

者是那些为了追求一个机会而创办企业的创业者，他们是自动自发地开创他们的企业的。著名经济学家成思危认为："国家最需要的是创新型的创业，在商业模式创新、技术创新和产品创新上有突破。"全球创业观察研究结果显示，"机会型创业"不论在产品的新颖性、市场的竞争性、技术或工艺的新颖性，还是在增长潜力方面，都有着很大的优势。

大卫·伯奇（David Birch）将由"机会型创业"产生的"高成长型企业"称为"瞪羚企业"："初始年收入不低于 10 万美元，并且连续 4 年收入增长率不低于 20% 的公司"，这类公司的价值已经得到世界各国的认可，以至于"瞪羚企业"的数量成为当前评价某一地区创业活力和经济景气程度的重要指标之一。为了鼓励创办更多的"高成长型企业"，学者特意将创业者与一般的企业主区别开来，将一般的小企业和"创业型企业"区别开来。熊彼特（Joseph Alois Schumpeter）指出，只有倡导实行创新活动的创业者才是企业家，否则只是一般的老板而已，不能拥有企业家与创新者的桂冠。学者杰克·卡普兰（Jack M. Kaplan）认为，"虽然所有的创业者都开办新企业，但并不是所有新企业都属于创业"。创业型企业具有快速成长的显著特征，"一家创业型公司指的是能有很快的增长速度以影响环境、获得领先地位的企业"。对于那些"低调地开办并缓慢发展"的企业来说，由于"没有任何令生产力改进的技术和方法，因此也许没有成为成长型企业的明显潜质"，不能称为创业型企业。而创业者的共同特征是"在不断的变化中创造机会"。他们善于应变、思维敏捷、足智多谋、富有创造力，所有这些描述的核心最后还是指向两个字：创新。对于创业者来说，"如今，创新已不是奢侈品而是必需品"。创业者要想维持优势，唯一的方法是持续不断地创新。"创新不能只体现在产品上，更要体现在商业活动的所有方面以及持续不断的增长率上。"

当前中国高成长型创业企业的比率还很低，提高这一比率的主要希望在于机会型创业。出于这样的逻辑思考，社会各界自然而然地希望大学生充分利用所学专业知识担起"机会型创业"的重担。"高校毕业生群体思维活跃，知识水平较高，创新能力较强，富有开拓精神，他们理应成为创新型创业的主力军。"当然，"机会型创业"，特别是"知识创业"和"高科技创业"的难度非常大，正如彼得·德鲁克（Peter Druker）所描述的："这种模式一开始的时候闪耀夺目，继而快速扩张，然后便是突然陨落。在 5 年之内，经历了'从赤贫到巨富，然后又从巨富跌为赤贫'的过程。"这就需要我们在鼓励大学生从事"知识创业"和"高科技创业"的同时，给予系统的创业援助和支持。

3. 以解决生存问题为目的的生存型创业

生存型创业者是那些由于没有其他更好的工作选择而从事创业的人。当前，学术界对"生存型创业"的评价很低。如学者奥德莱斯切（Audrestch）认为，"生存型创业更多的是一种'流亡'效应，他们很少为经济增长做出贡献，因为他们拥有的资本较少，创业能力也不强"。著名经济学家成思危认为，"受农耕文化中'小富即安'思想的影响，全社会对于创新创业的认识不足，大多数创业者是低端、被动的'生存型'创业，仍处于低端水平"。"生存性的创业，比如开个饭馆、小店，这样的创业对解决个人生计和就业压力、减轻社会负担是有意义的，但是对于整个国家经济发展帮助不大"。对这些差评，我们究竟应该如何看待和评价生存型创业？这要从我国的基本国情出发作科学理性的评价。生存型创业虽然对于经济发展的贡献有限，但是对于维护社会稳定的作用不可忽视。

（1）每个人都要靠自己的劳动来获得基本物质保障，生存型创业者是自食其力的劳动者，从这个角度来看，我们要向他们投以崇敬的目光。每个人的能力有大小，不能不切实际地去追求那些虚无缥缈的东西。在这个意义上，解决了自己的生存问题就是在为社会稳定做贡献，一家一户的小生产同样值得肯定。

（2）每个人都要给自己的人生赋予意义和价值，实现人生的价值就须要做事。那些无所事事、游手好闲、百无聊赖的人，那些靠父母养活的"啃老族"，那些仰人鼻息苟延残喘的"寄生虫"，不但难以实现自身的意义和价值，对于社会的和谐稳定也是毫无益处的。与这些人相比，生存型创业者是光荣的，我们应该给予肯定和支持。

（3）我们要全面理解为什么不鼓励大学生从事生存型创业？这是

我们对于"天之骄子"的殷殷厚望，是对大学生将知识资源转化为知识资本的特别期待，因为只有充分发挥出这"特质性"优势，大学生创业才能发挥出比"自我雇佣"更大的就业潜力，才能在真正的意义上实现"以创业带动就业"。但是理想和现实之间总是有差距的，大学生群体也是有层次区别的，不能用一个模式来套定千差万别的现实情况。所以，我们在对大学生进行创新创业教育时，可以强调"生存型创业"的缺点，但是绝不能武断地否定"生存型创业"，要看到生存型创业具有的深远社会"减压阀"和"稳定器"价值。

（二）创新创业教育的个体价值

关于创新创业教育的价值，有学者认为包括三个层面的价值形态：一是"价值理想"；二是"价值目标"；三是"价值存在"。

在这三种价值形态中，价值理想是根本、是核心的，价值目标是其具体化，价值存在则是价值的展示，是创新创业教育价值目标可能性向现实性的转化，是创新创业教育的价值实现。这是对创新创业教育价值的全面概括和总结，很有启发和借鉴意义。正如价值有"过程价值"和"终极价值"之别，在这三个层面的价值形态之上，是否还有一个概括性更强的"终极价值"存在呢？本研究从"创业自觉"的角度来审视和思考，认为创新创业教育具有"创造性转化"的终极价值。这里的"转化"是一种质的改变，强调结构、形态、功能的变化，但是由于"转化"本身不代表一定产生正向的发展，所以需要创造力，以使转化能够突破性地实践教育的价值，达成教育的目的，形成"创造性转化"。其结果可能是"微 c"（mini-creativity），即发生于个人内在的创造历程；可能是"小 c"（little-creativity），即日常生活的创造；可能是"大 C"（big-creativity），即改变人类历史文明的创造。从教育过程来看，创新创业教育是一个艰难的创造性转化过程，从接受创新创业知识到形成创新创业智慧，从新发明、新发现、新创造到知识资本化，从具有创新创业意向到采取创新创业行动，需要付出艰辛的努力。

1. 创新创业教育将知识转化为智慧

知识与智慧的关系是哲学的基本问题之一，对此问题的认识，既有老子所谓"为学日益，为道日损"的怀疑论，也有康德（Immanuel Kant）的二分论，认为知识与智慧之间无法过渡；既有"科玄论战"中以胡适、丁文江为代表的"科学派"，对此持乐观主义信念，认为科学知识的进步自然而然地会解决人生观问题，也有"现代新儒家"对此持悲观主义态度，认为知识的增加必然会带来智慧的倒退。在20世纪中国哲学史上，有一种哲学思潮，对于知识与智慧的关系问题采取一种"中道"的立场，这种哲学思潮被称为"清华学派"。"'中道'并非是折中、调和的别名，而是既照顾到知识，又照顾到价值，同时又超越了知识与价值，它要求我们在既看到知识与价值各自合理性的同时，也承认知识与价值各执一端的片面性。"正是这种对于知识与智慧关系的"中道"立场，产生了"转识成智"的哲学命题。在解决这个问题时，哲学家冯契先生既继承又超越了清华学派传统，认为："关于元学的智慧如何可能（以及自由人格如何培养）的问题，包括两方面：首先要问如何能'得'？即如何能'转识成智'，实现由意见、知识到智慧的转化、飞跃；其次要问如何能'达'？即如何能把'超名言之域'的智慧，用语言文字表达出来；亦即说不得的东西如何能说，如何去说。"

哲学家怀特海在知识与智慧的关系问题上，也是持二元对立的思维模式。他认为，不能加以利用的知识是相当有害的，拥有太多一知半解的知识是悲哀的，他将那些仅仅被大脑所接收却没有经过实践或验证，或与其他东西进行融会贯通的知识称为"呆滞的思想"。所有教育的核心问题就是不能让知识僵化，而要让它生动活泼起来。这就是智力教育的另一个模糊却伟大，而且更重要的要素：智慧。习得知识但未必习得智慧，智慧是掌握知识的方法。随着智慧增长，知识将减少：因为知识的细节消失在原理之中。怀特海对智慧作如下定义："智慧是掌握知识的方法。它涉及知识的处理，确定有关问题时所需知识的选择，以及运用知识使我们的直觉经验更有价值。这种对知识的掌握就是智慧，是可以获得的最本质的自由。""通往智慧的唯一途径是在知识面前享有绝对的自由；但是通往知识的唯一途径是在获取有条理的事实方面的训练。"

由此可见，智慧发挥着对于知识应用的统领作用，通过对知识的实践反思，推动知识的建构与创新，以此"方见其有神龙变化、春雷震动之妙"。怀特海既说明了知识与智慧的区别和联系，也强调了"转识成智"的极端重要性。"智慧"是相对于"知识"而言的，那么二者有什么区别和联系呢？可以说，二者一个是"结果"，一个是"过程"，智慧在过程中获取，过程是复杂和具体的，这就内在地决定了智慧的复杂本质。智慧的本质与表现，恰好与创新创业教育的本质相融共通。创新创业教育要传授给学生的恰恰是智慧而不是知识，这就是创业教育的独到之处，它注重知识的理解、知识的关联、知识的实践而不是知识的多少。这就要求创业教育教师有"转识成智"的能力和水平。

首先是以智慧的心态看待知识，站在智慧的立场和高度上审视和把握知识，充分发挥智慧的综合能力，实现知识的整合、选择与创新，以此来增强学生对知识的统摄能力、贯通能力、思考能力和创新能力。其次是以智慧促进知识的实际应用，激发知识的实践活力。做到这两点，教师就可以引导学生体验知识中的智慧，运用知识来激发学生的怀疑精神、养成学生的追问意识、培养学生的理论思辨能力。基于"转识成智"的目标要求，"教师的工作并非只是传授信息，甚至也不是传授知识，而是以陈述问题的方式介绍这些知识，把它们置于某种条件中，并把各种问题置于未来情景中，从而使学生能在其答案和更广泛的问题之间建立一种联系。"之所以要实现从知识到智慧的创造性转化，是因为创业教育要全面提升人的综合素质，使人具有反思、批判和变革的精神，促进人自由而全面的发展。

2. 创新创业教育将知识转化为资本

将知识与资本联系在一起，在传统大学里面是不可思议的事情。按照纽曼的"大学理想"，"若大学课程一定要有一个实际的目的，我认为就是为了培养良好的社会公民"。大学自中世纪诞生以来，一直到18世纪末，主要职能是文化保存、维持和传播。此后大学先后发生了两次"学院革命"，第一次始于19世纪初德国"洪堡改革"，使得"研究"作为一项学术任务进入大学；第二次学院革命发端于20世纪中后期，以20世纪50年代形成的硅谷现象作为标志，使"创业"成为大学的又一项新功能。第二次学院革命改变了大学和企业的关系，在此之前"大学—企业"的联系还是把学术和商业活动区分开来，合作采用按劳付酬的方式，直接接受咨询费或是捐赠。

与此不同，新型"大学—企业"关系形式包括大学和大学教师参与资本形成项目，比如在科技园的房地产开发和在孵化器建立公司，大学通过这种方式获得资源的增值。这就使得大学教师、研究员"实际上已经扮演了创业者的角色"。"创业活动与大学传统的教学、科研职能的结合，产生了一个追求多元化目标的'杂交组织'，这些目标之间既有冲突又相互支持。"这就是第二次学院革命孕育和造就的新的大学模式：创业型大学。它们将发展与企业的密切关系作为自己的重要使命，或者采取行动使研究商业化，想办法从其研究资源中获取利益。大学通过多种渠道参与了知识的资本化及其向生产要素转化的过程，有的接受了其教师创立公司的股票，有的扮演起风险资本家的角色，有的则通过它的公司参与风险投资。开此知识资本化先河的美国麻省理工学院（MIT）已经成为创业型大学的典型代表。美国波士顿银行于1997年发表的调查报告《MIT：冲击创新》指出，如果把MIT校友和教师创建的公司组成一个独立的国家，那么这个国家的经济实力将排在世界第24位；MIT的毕业生和在校教师已在全球创建了4000多家企业，就业人数110万，年销售额高达2320亿美元，大约相当于1160亿美元的国内生产总值，比南非的GDP稍低，而高于泰国。MIT的下属公司创造的就业80%是在制造业（全美国制造业工作只占16%），许多产品销往国外……它的8500多个分公司遍布于全球50个国家。

知识经济的到来，催生了"学术创业""知识创业"等全新创业类型，把高等学校从社会发展的边缘推到了中心位置，大学不能离开产业及社会发展而孤立存在。知识经济时代的大学除了具有保存知识、传播知识的功能外，还要充分发挥其使知识资本化的职能。"通过产出社会资本、智力资本和人力资本，大学加大其在经济发展中的基础性作用，正在成为现代社会的轴心机构。"在知识资本化过程中，创业教育成为学术界和企业界之间联系的纽带，通过创业教育可以将教学和科研与知识资本化紧密结合，深入挖掘科技成果中的"商业价值"和"创新价值"，积极促成知识资本化和创新商业化，使大学更好地为经济与社会发展服务。

3. 创新创业教育将创业意向转化为创业行为

国际上有学者认为，创业意向是将创业者的注意力、精力和行为引向某个特定目标的一种心理状态，是创业者进行创业的前提条件，是潜在创业者对从事创业活动与否的一种主观态度或心理准备状态及其程度。国内有学者将创业意向定义为"个人将采取创业行为的倾向程度大小"。由此定义可以看出创业意向与创业行为联系紧密。学者李明章、代吉林甚至认为，"只有具备一定创业意向的人才有可能从事创业活动"。

当前中国在校大学生的创业意向水平怎样呢？有学者通过调查研究后得出结论："对于大部分大学生来讲，创业还是一个非常模糊的概念。绝大部分的大学生均没有创业经验，他们能够考虑到的影响大学毕业生自主创业的因素是创业资金即金钱的因素，其他因素的重要性还未意识到。"有创业意向的大学生在所有大学生中所在比例还比较低，"虽然学生就业难已经是一个严峻的社会问题，但自主创业还不是多数大学生的选择，甚至连意向都不是"。针对这种情况，有必要对创业意向的影响因素进行研究，从而采取有针对性的培养措施。

研究结果显示，创业意向与高校支持显著正相关，高校发展水平对人创业意向具有显著的影响。因此，学校教育可以帮助个体获得知识和提高能力，为未来的创业做准备，而且还会产生提高生活质量的渴望，从而产生自我雇佣的动力，进而产生相应的创业意向。但是中国学者在开展"大学生创业意向影响因素研究"时发现，"在创业的诸多影响因素上，大一学生均显著高于其他年级学生，而大四学生则显著低于其他年级学生。"对于这一现象，该学者认为，除了考虑"梦想与现实的转换外"，还要深入思考"大学四年的创业教育、阅历和见识起了何种作用"，"或者这样的一个结果恰恰说明了我们的创业教育存在较多的问题，把学生从一个高创业特质、高创业认知的个体转化成了一个低创业特质、低创业认识的个体，这似乎违背了创业教育的初衷"。

这里把问题归因为创业教育，实质上隐喻着一个重要的问题，那就是创新创业教育的实效性问题。这与研究中的另一项发现可能密切相关，那就是创业经历对学生的创业意向有更多的正效应，有过创业经历的学生在创业人格特质、创业自我认知、创业先前知识和创业社会资源等各因素上的得分普遍高于没有创业经历的学生。据此该学者认为："学生的创业有失败也有成功，但这些都不重要，创业给予他们的是一种体验和经历，他们从中收获很多。"由此可见，要想改变创业教育在培养创业意向方面的低效现状，必须从创造条件使得大学生获得实际创业体验和创业经历入手，这一点至关重要。

从学者们对创业意向的测量可以看到，创业意向测量主要包括："对创办新企业多感兴趣""对创办新企业的考虑程度""创办新企业的准备程度""尽最大努力去创办新企业的可能性"和"多久后将创办新企业"。这反映出创业意向主要是反映大学生要不要创业、想不想创业的一种心理认知，仅仅是创业过程的第一个环节，而且主要停留在思维层面，从创业意向到创业行为的转化更是一个艰难的过程。那么在这个转化的过程中，什么因素会发挥重要作用呢？经过深入研究，赵都敏认为创业经验对创业行为有更多的积极影响，有创业经验的创业者更强调创业活动的创新性，在创业过程中更多地关注创新行为。创业经验也对快速行动有利，有创业经历的创业者能够更快得行动，从有创业意图到实施创业行动的间隔更短。

创业经验对创业者的行为决策有重要意义。在面对高度不确定环境和资源约束双重压力下，有经验的创业者较少受到资源的影响，而是以行动代替预测、通过行动去降低环境的不确定程度。有创业经验的创业者在面对创业机会时，比没有经验的创业者能更快地采取行动，投入到机会开发过程中去，开始创业行动。由此可见，创业经历或创业经验对创业意向到创业行为的转化意义重大。获得这种经历或经验的途径就是"通过接触来学习"，"这句话的意义是直击教育实践中的核心问题。教育必须从精确的事实开始，对个人的领悟力来说，是具体而确切的，然后逐渐地过渡到一般概念。要避免的可怕的梦魇就是：灌输与个人经历毫不相关的一般陈述"。创业教育还是要回到学生的主动参与和自我体验中来，对于那些有明确创业意向的学生，要通过开办"创业先锋班"的方式，采取"学徒制"的办法，为学生创造"做中学""干中学"的机会，只有这样才能培养学生的创业自觉，才能使有创业意向的学生尽快采取创业行动。

第三章　国内大学生创新创业教育的基本模式与发展路径

　　"创新创业教育源于现代社会对创业型、创新型人才的迫切需求。它强调运用各种资源，并能将机会转化为现实的能力，但这种能力可以应用到任何人类事业中"。从总体来看，创新创业教育是一种创新与创业相结合的素质教育，二者互为支撑，共为一体。两者在逻辑上是理论与实践的统一。创新是以新思维、新发明和新描述为特征的概念化过程，它是创业的源泉，带给创业以新思路、新方案、新产品。创业是指创新者通过市场运作，获得物质财富，推动生产力的发展。由此可见，创新和创业教育二者具备内在的统一性，都是为了追求创造力，培养学生创新创业人格的一种教育，这种教育本身包含物质与意识的哲学统一性，创新属于意识层面，是创业的理论基础；创业属于物质层面，是创新的实践表现。

　　2015年，我国在长春举办了"第一届'互联网＋'大学生创新创业大赛"，教育部部长袁贵仁在闭幕式上强调，"要全面贯彻落实习近平总书记重要讲话精神和李克强总理对大赛做出的重要批示，全面深化高校创新创业教育改革，为促进大众创业万众创新和建设创新型国家提供有力的人才支撑"。研究国内高校创新创业教育的发展历史，探讨其发展路径，探索开展创新创业教育的基本模式，并最终在全国范围内推广，这在国家经济发展转型升级的今天尤为重要。

　　当前创新创业型人才的培养已经成为社会关注的热点问题，国际竞争在很大程度上可以归结为创新能力的竞争。在这种情况下，我国的高等教育也应该适时地发展创新创业教育，只有如此，才能在竞争中占据领先地位。

　　中国的创新创业教育自1989年开始，当时联合国教科文组织召开"面向实际教育国际研讨会"，开会的地点就在北京。这是国人第一次接受创新创业教育的教育理念，当时人们将创新创业教育形象地比喻为"第三本教育护照",为其赋予了重要的历史意义。1990 年我国颁布的《关于深化教育改革,全面推进素质教育的决定》对创新创业教育有着重要的阐述,即"要重视和培养大学生的创新、实践能力以及创业精神";同时还强调要提高大学生的人文素养和科学素养,这对于培养全面发展的、具有创新创业能力的新时期大学生具有纲领性的指导意义。

随着创新创业教育实践活动的不断开展,人们对创新创业教育的认识不断加强,从中央到地方逐渐统一了对创新创业教育的认识。2006 年,在全国科技大会上,胡锦涛明确指出"坚持走中国特色的自主创新道路,为建设创新型国家而努力奋斗",这标志着我国的创新创业教育开始从设想迈进现实。在随后党的十七大报告中,中央政府明确使用了"创新型国家""创业带动就业"等具有政策性导向的字眼,说明政府开始从上到下高位推进创新创业教育。2010 年,《关于大力推进高等学校创新创业教育和大学生自主创业工作的意见》明确提出,"创新创业教育是一种新的教育理念与模式"。《国家中长期教育改革和发展规划纲要(2010—2020 年)》同样使用了"推进创业教育"这样的表述,创新创业教育进入国家教育改革发展规划,成为未来十年教育方面的重点工作。国务院下发的《关于进一步做好普通高等学校毕业生就业工作的通知》中指出:"要落实和完善创业扶持政策,加强创业教育、创业培训和创业服务,支持高校毕业生自主创业"。在这一思想的引导下,国家教育部先后在 2012 年的"全国高校毕业生就业工作视频会议"、《创业基础教学大纲》中对创新创业教育做出了重要指导。这些文件的出台,为中国创新创业教育的蓬勃发展提供了重要的政策性支持。从中央到教育主管部门,再到地方,全国上下对创新创业教育的重视程度不断提高,对创新创业教育的投入不断加大,对创新创业教育活动的支持不断增加,高校创新创业教育热情空前高涨。

第一节 国内大学生创新创业教育的发展历程

1990 年，国家教育委员会基础教育司成立"提高青少年创业能力教育联合革新项目"协调组，在当时的部分地区和学校进行试点研究，开展了创新创业教育的实验和研究；2014 年 11 月，教育部下发《关于做好 2015 年全国普通高等学校毕业生就业创业工作的通知》，要求全面推进创新创业教育工作；2015 年，《国务院关于大力推进大众创业万众创新若干政策措施的意见》中要求"把创业精神培育和创业素质教育纳入国民教育体系，实现全社会创业教育和培训制度化、体系化。加快完善创业课程设置，加强创业实训体系建设"。当前在"大众创业，万众创新"的时代召唤下，创新创业教育在高等教育领域已经逐步进入新的发展阶段。在每一个阶段，无论是国家政策、理论研究，还是创新创业教育实践都取得了突出成果。了解我国创新创业教育的发展历程对于未来国内创新创业教育的深度发展有着重要的指导意义。

从我国的创新创业教育所经历的探索期、实践期和深化期的发展历程，我们可以清楚地洞察，在经济社会发展的大背景下，创新创业教育已成为国家持续发展的必然选择。当前，发展创新创业教育使之成为我国可持续发展的强劲动力已经是大势所趋，不仅是这一教育理论研究得到政府的大力支持，其实践活动也有一定的政策保障。在这一环境下，中国特色的创新创业教育制度也正在完善，教育理念逐步成熟，教育模式特色凸显，整体创新创业教育正向着科学化、规范化和制度化的方向发展。在今后相当长的一段时间里，政府和高校要努力实现创新创业教育跨界融合，集结全社会的力量，建设融合型的创新创业教育平台，营造"大众创业，万众创新"的社会文化氛围，共同推进创新创业教育的发展。

一、创新创业教育的探索期

1990—2002 年，是我国的创新创业教育的探索期。这一时期，无论是理论研究，还是教育实践方面，都有待大力发展，高等院校开展创新创业教育，没有相应的科学指导思想，教育理念也较为落后，教育教学成果较贫乏。但不能否认的是，正是这一时期的探索，为整个中国的创新创业教育拨开了云雾，为创新创业教育的发展带来了一线光明，为今后的教育理念更新、教育实践升级奠定了坚实的基础。

20 世纪 90 年代，是中国经济高速增长的一个时代，中国刚刚经历了改革开放的第一个十年，整体经济有了较大进步。这一时期，人们开始清晰地认识到创新对于生产力的巨大推动作用。促进创新创业教育在中国萌芽的两个方面：一方面，随着进一步的对外开放，中国人真正地放眼看世界，西方的教育理念和教育思潮也涌入国内，国家对于创新创业人才培养有了主观意识上的需求，开始自觉地培养创新型人才；另一方面，中国逐渐融入世界大家庭，"中国制造"开始在世界站稳脚跟，世界工厂的定位让人们逐渐认识到科学技术是"第一生产力"，同时，也对国家的科学技术创新能力提出了更高的要求，这是创新创业教育产生的外部因素。

但是从总体来看，处于探索期的创新创业教育呈现出很多不成熟的特点，如政策指向不明确、理论研究不深入、实践成果不突出等，但是应该看到，这些问题都是创新创业教育处于萌芽状态必然会出现的问题。创新创业教育已经扎根于中国的土壤，并将开出绚丽的花朵。任何事业走向成功之前，必然会经历一个艰难的探索过程。这一时期的发展概况可以从政策、理论和实践三个层面来阐述。

第一，从政策方面来看，创新的重要性已经逐渐被国家领导人所认识，部分政府部门也注意到创新创造教育、创新教育、创业教育逐渐被提出，整个社会开始形成了创新或创业的教育思潮。这主要体现在两个方面。

（1）党和国家领导人的高度重视。1995 年，江泽民在全国科学技术大会上的讲话中指出："创新是一个民族进步的灵魂，是国家兴旺发达的不竭动力"，重点强调了创新在国家社会发展中的作用，并指出其具有推动作用，这是在国家层面给予创新的高度肯定。1998 年，江泽民在庆祝北京大学建校一百周年大会上的讲话中指出，"全党和全社会都要高度重视知识创新、人才开发对经济发展和社会进步的重大作用，大学应该成为科教兴国的强大生力军。教育应与经济社会发展紧密结合，这是面向二十一世纪教育改革和发展的方向"，在这一次讲话中，创新首次与教育联系在一起，用教育引领创新，用创新推动教育发展，成为未来国家发展的一项重要战略。教育，尤其是高等教育，在科教兴国战略中的地位被提升到了前所未有的高度，人们对于创新教育本身的认知加强了。在随后的第三次全国教育工作会议上，江泽民强调指出："事实已经充分说明，'象牙塔'式的教育，不能适应当今时代的需要"。这次讲话对教育提出了更高的要求，指出了传统教育的弊端，要求教育改革，并在教育范围内进行更深层次的创新教育探索。

（2）部分政府部门为了争取理解党和国家领导人的指导思想，也逐步开始推动创新教育。1998年，教育部公布《关于深化教育改革，全面推进素质教育的决定》，指出："高等教育要重视培养大学生的创新能力、实践能力和创业精神"。这是国家首次在文件中将创新与创业同时提出，并且该文件是由国家教育部公布的，这标志着创新和创业两大指导思想开始正式进入教育领域，同时以实践作为沟通创新与创业的桥梁，显然教育部已经敏锐地意识到创新最终要落实到实践中，并通过创业来完成价值转换。创新的关键在人才，人才的成长靠教育。1998年，中央教育科学研究所又一次提出了"创新教育"的理念。显然教育部对于创新教育的重视更为突出，因为这一时期国家的经济发展速度很快，制造业、加工业需要的主要是产业工人，因此创业教育此时并没有表现出突出的需求。1999年，教育部公布的《面向21世纪教育振兴行动计划》比较完整地提出了创业教育概念，提出"加强对教师和学生的创业教育，鼓励他们自主创办高新技术企业"，在这一文件中，创业教育被单独提了出来，显示出教育部对于创业教育的重视，显然在迈入21世纪以后，人们对于私营经济体越发重视，创业教育的地位被提到了新的高度。

在这一时期创新创业教育虽然在政策层面逐渐受到重视，尤其是政府高层，教育主管部门集中发布了大量关于创新创业教育的政策，但相对而言，在其他政府部门的政策文件中则鲜有涉及。在这一时期，仅有创业教育得到政府部门的认可，而且只有部分政府部门对于创业教育有所重视。虽然政府行政部门在行政公文中开始显示对创业教育的重视，但是最主要的内容还是集中于国家教育部和共青团中央有关文件，而且在措辞上也只是使用一些引导和鼓励性的话语，没有针对性的宏观布局政策和相应的配套措施。

第二，从理论方面来看，这一时期创新创业教育开始萌芽，人们开始对创新、创业或创造教育的内涵进行探索，但是应该看到，绝大多数的研究比较分散、零碎，且标志性的成果很少，创新创业教育还处于懵懂的状态。人们对创新、创业、创造三者的关系还没有形成清晰的认识，大多数人在论述时，三者之间往往互有交叉，整体的概念还没有理清。

笔者在 2002 年以前发表的论文中进行关键词检索，共检索出关于创新创业教育的相关论文 105 篇，且 1999 年仅有 5 篇。其中 2002 年的《开展创新创业教育的设想》具有标志性意义，这篇文章发表在《发明与革新》期刊上，文章提出："创新教育是以培养学生创新精神和创新能力为基本价值取向的教育……创业教育主要是培养学生科学的创业意识，正确地选择创业目标，全面提高创业能力，在大学生中开展创新、创业教育，永远是高等教育的核心任务，是深化教学改革提高教学质量的重要研究课题。"不难发现，此时对创业教育的研究尚处于萌芽阶段，不仅相关学术论文数量偏少，而且没有出现相应的研究成果。但是在此文中，创新创业教育有时作为一个完整词语出现，有时则以顿号隔开，尤其是在其关键论断"在大学生中开展创新、创业教育"的表述中，创新教育依然与创业教育处于分离状态，创新创业教育的关系显然没有达成内在的统一，人们还是在关注创新、创业两个不同的概念，无法做到理论与实际的统一和融合。显然，当时的学术界还缺乏对于创新创业教育的整体认知和把握，或者简单地将其等同于创新教育或创业教育。

第三，从实践方面来看，创新教育和创业教育已经在小范围内展开尝试，创新教育在探索期还是得到多方面的响应，但是在创新创业整体教育方面，我国的教育部门和教学单位还处于一片空白，这是创新创业教育缺乏理论指导的必然结果。

1989 年柯林·博尔教授在《学会关心：21 世纪的教育圆桌会议报告》中明确提出了"创新创业教育"这一教育领域的新概念，又称"第三本教育护照"，清晰地指明创新创业教育在未来社会发展中的重要作用，将其放在人生发展的关键地位，这种提法在此前的教育教学领域是前所未有的。在这一理念的引领下，1990 年，中国成立了协调小组，选取 6 个省市作为项目试点单位，探索创新创业教育的路径，开展创新创业教育的实践研究。这是我国创新创业教育的首次实践探索，具有开创先河的重要意义，因此我们也将 1990 年作为整个创新创业教育探索期的开端。但在此阶段，大部分高等院校还没有察觉到这一在高等教育领域内酝酿的巨变，仅有少部分政府部门和极少数高等院校意识到一场以"创新创业教育"为核心内容的教育改革正悄然兴起，当时的学界对是否开展创新创业教育，创新创业教育本身的内涵和价值还在讨论之中，中国的创新创业教育还在摸索中前进。1992 年中国发明协会召开第一届全国中小学创造教育学术研讨会，中国发明协会中小学创造教育研究会成立，这一重要举措表明，我国的中小学创新创业教育步入了有组织、有协调的发展轨道。

这一时期，中国开始在小范围内推广创造教育，在这种行业协会的推进下，创造教育开始进入持续、蓬勃发展阶段。这种教育无疑是人们对于创造型人才需求的外在表现。通过一段时间的发展，创造教育积极向高等教育领域拓展，部分高校开始接受创造教育进入高校的事实。1993 年，中国发明协会与中国矿业大学联合在徐州召开了"首届全国高等学校创造教育与创造学研讨会"，这是我国高等学校专门从事创造学研究及教育工作者的学术盛会，它标志着高等院校对于创造教育理念的理解进入新的阶段，人们开始意识到创造教育的重要性，并开始深入讨论创造教育的内涵和理念，探索推广创造教育的途径和方法。1995 年高校创造教育分会成立，定期召开全国高等学校创造教育研讨会，显然，随着时间的推移，创造教育的理念被更多的教育人士接受，关于创造教育的研究和其理论体系的构建已经被提上日程。

1998 年借鉴美国德州大学奥斯汀分校的创业教育经验，清华大学举办首届"清华大学创业计划大赛"，随后演化为"挑战杯中国大学生创业计划竞赛"，持续至今，这是一场从重点大学发起的，全面推动、全国参与的创新创业大赛，具有深远的影响。2000 年国家教育部确定 10 个国家创业园示范建设试点，开展创业示范点建设，这是首次从全国范围内推广创业教育。创业园示范基地建设掀开了我国创新创业教育的新篇章。示范基地为创新创业提供了场地保障，为全面推广创新创业教育打开了局面。

从总体上看，在探索期的创新创业教育，无论是在理论层面，还是在实践层面都处于事物发展的初级阶段。在理论层面存在研究方向分散、研究对象不明确、研究思路不清晰、研究体系不完整的问题；在实践层面存在实践方向不明确、实践成果不突出、实践领域不宽广等问题，但这是任何事物发展的必经阶段。应该说，经过这一段时间的研究与探索，中国的创新创业教育，正逐渐步入正确的轨道，从政府部门到高等院校，创新创业教育都朝着正确的方向延伸发展。这样的进入，必然将中国的创新创业教育引向更深层次的发展。

二、创新创业教育的实践期

2002—2009 年是我国创新创业教育的实践期，这一时期中国的创新创业教育进入新的发展阶段，模式多样的创新创业教育层出不穷，指导性的文件陆续出台，各大高校创新创业教育的实践探索日益增多，理论研究成果逐渐增加，且呈现出系统化、科学化的趋势。创新创业教育实践期是创新创业教育飞速发展的时期。在这一时期，不同的政府部门都对创新创业教育给予了支持，创新创业教育已经形成自上而下的全面实践探索体系。创新创业教育在理论方面取得了重大突破，成果数量和质量都有较大提升；在实践方面，广大高等院校、企业、行业协会等都投入实践中，基于全社会的创新创业支持体系逐渐建立。

（一）实践期的背景

高等教育大众化给创新创业教育的全面推广与实践提供了重要的

内部动因。我国高等教育从 1999 年开始逐渐迈入高等教育大众化的新阶段，在这一时期，我国各大高校开始陆续扩招，大量的适龄学生进入高校学习，他们毕业之后给就业市场带来极大的压力，人才市场上的大学生逐渐呈现出过剩的现象。随着高校毕业生人数不断增加，大学生就业难问题逐渐显现，不少大学生寒窗苦读十几年，结果却没有办法找到工作，这种严峻的就业形势威胁着社会的稳定。面对此种情况，人们意识到解决就业问题要靠不断地创造新的就业岗位。从此，要不要开展创业教育转为如何更好地开展创业教育。这种转变，促使高等院校一方面在理论层面加强了创新创业教育的研究，另一方面在实践层面进行了许多有益的探索，这种内在的因素是整个创新创业教育进入全面实践期的重要动力。

中国经济融入世界发展，为创新创业教育的实践与发展注入外部发展动力。2001 年 11 月 10 日，在多哈举行的世贸组织第四次部长级会议审议并批准了中国加入世贸组织。从此以后，中国的经济与世界开始全面接轨，世界资本开始涌入中国，世界各国的高新科学技术也涌入中国，我国科学技术面临前所未有的挑战。因此，全面提升科技创新能力，成为我国融入世界经济体系，保持国民经济持续提升的唯一选择。在这种背景下，加强创新创业教育成为当时国内高校应对国家经济形势变化的重要选择。一时之间，高等院校组建创新团队，增加创新学时，加强科学研究，积极申报专利，为国家经济发展贡献力量。在这一过程中，人们敏锐地认识到，科技创新的本质在于创新型人才，而高等院校人才培养的重要职能越发被重视，高等院校创新创业教育逐渐兴起。

（二）实践期的成果

第一，在政策方面的成果。各种创新创业教育的指导文件和政策陆续出台，创新创业教育呈现出高位推动、群体发展的新气象。2003 年，国家开始着手完善创新创业教育挟持政策。国家工商总局根据《国务院办公厅关于做好 2003 年普通高校毕业生就业工作的通知》，发布了对 2003 年毕业的大学生从事个体经营、自主创业的优惠政策。

这一决策对于大学毕业生创业给予了很好的政策支持，全面激发了大学毕业生的创业热情，对高等院校大学生就业有着极为重要的促进作用，这也是国家应对高等教育大众化改革之后大学生就业难问题的正确决策，对未来创新创业教育的顺利推进有着极为重要的启示性作用。

2005 年国家发改委、科技部、财政部等 10 个部委联合发布《创业投资企业管理暂行办法》，对于整体创业环境有了系统性的正规管理，掀开了我国创业经济的新篇章，这是经济领域对于创业行为的肯定，在国家政府高度重视下，创业行为取得突破性进展，这是从政策层面着手，助力创新创业教育发展；2007 年财政部、国家税务总局下发了《关于促进创业投资企业发展有关税收政策的通知》，明确规定"可按 70% 抵扣创业投资企业的应纳税所得额"，全面肯定了创业的价值，对创新创业活动给予了政策性支持，这是国家在经济领域对于创新创业行为认识的全面突破，也有利于创新创业教育在全国范围内的发展；2008 年施行的《中华人民共和国就业促进法》，明文规定"鼓励和支持开展就业前培训、在职培训、再就业培训和创业培训"，这为创新创业教育的实施提供了法律保障。

在这一阶段，政府行政部门开始逐渐联合发文，支持学生创新创业，逐步形成多元支撑的创新创业教育态势，出现了全面推动创新创业教育的可喜局面。2006 年 6 月，在中国科学院第十三次院士大会和中国工程院第八次院士大会上，胡锦涛明确阐述了建设创新型国家的内涵："建设创新型国家，核心就是把增强自主创新能力作为发展科学技术的战略基点，走中国特色自主创新道路，推动科学技术的跨越式发展；就是把增强自主创新能力作为调节产业结构，转变增长方式的中心环节……就是把增强自主创新能力作为国家战略，贯穿到现代化建设各个方面，激发全民族创新精神，培养高水平创新人才，形成有利于自主创新的体制机制，大力推进理论创新、制度创新、科技创新，不断巩固和发展中国特色社会主义伟大事业"，我们国家对创新的重视提升到前所未有的高度。

应该看到，在创新创业教育的实践期，我国政府对于创新创业教育起着重要的启示性作用，从某种程度上说，创新与创业两个方面都得到了政府的重视，但二者之间依然没有构建起很好的联系。国家领导人重视创新，政府部门因为经济或社会原因注重就业问题而推进创业行为的开展。我们应该看到，这一时期创新与创业两方面的政府行为是属于一种被动的推进，是在经济社会发展需求下的被迫选择，中国的创新创业教育依然缺乏宏观的规划，没有进行合理的布局，在整体推进层面依然属于零敲碎打，不成体系。

第二，在理论方面的成果。创新创业教育已经取得一些研究成果，但是总体而言，虽然研究者和研究论文的数量有所增多，但是标志性成果，系统化理论依然有待形成和挖掘。显然，中国的创新创业教育在没有重要的实践成果支撑之前，理论研究就有一定的广度和深度。这一时期的理论研究成果很多，事实上从 2001 年开始，国内对创新创业教育的研究文献数量持续增加，涌现了大量研究专著与论文，相关研究课题受到大力支持，研究内容不断深入，研究平台逐渐建立。2001 年，研究文献为 18 篇，超过以往所有的文献总数，显然进入 21 世纪以来，高等教育开始重视创新创业，各大高校的教育界研究专家在这一新的教育课题上投入了更多的精力，并取得了一些成果。到 2009 年，关于创新创业的研究论文达 160 篇，比 2008 年增加了 90%，这表明，创新创业教育正在中国酝酿一次教育界的新变革，人们对于此类教育的研究显示出莫大的热情，同时还反映了社会发展对于创新创业人才的空前需求，因而这从另外一个层面增加了高校对于创新创业研究的热度。应该看到，我国创新创业教育研究还有很大的发展空间。

这一时期的创新创业教育研究在科研部门的支持下，取得了长足的进步，有资料表明：在所有发表文献中，1.5% 的文献得到了全国教育科学规划办的支持，0.7% 的文献得到地方自然科学基金的支持。在该阶段，研究内容转向创新创业教育人才培养模式、支持体系、环境、质量评价、创业基地建设、教育目标、培养途径和方法等。2001—2009 年，我国出版相关专著与教材 105 部。2006 年，教育部高教司编写了《创业教育在中国：试点与实践》，对创业教育的概念、目的、特点，以及创业教育试点的经验和特色进行了总结和提升。2003—

2005年，南开大学举办了"首届创业学与企业家精神教育研讨会"，浙江大学举办了"人力资源与创业管理研讨会"，清华大学举办了"亚洲创业教育会议"，吉林大学举办了"创新与创业教育国际研讨会"等。这些会议的召开标志着我国创新创业教育研究向深度和广度发展。我国在这一时期已经开始着手建立创新创业平台，这标志着中国创新创业教育研究进入新的阶段，形成了新的研究特点。

这一时期创新创业教育理论的研究成果达到前所未有的高度，无论是论文，还是专著，抑或是课题，都有了很大的进步，在教育研究平台方面取得了重要进展。但是，创新创业教育仍处于实践摸索期，束缚了创新创业教育研究的整体发展，人们对于创新创业教育的认识依然没有达到真正理解的地步。

第三，在实践方面的成果。不同形式的创新创业教育活动已经在高等院校积极开展起来，这些创新创业活动结合创新创业的课堂教育，为整个创新创业人才培养提供了生动鲜活的模板，人们开始有意识地探索创新创业人才培养的多种形式，创新创业人才培养质量也逐渐提升。从整体来看，这一时期的创新创业教育实践，呈现种类多、形式多、实践性强的特点。

2002年，教育部确定中国人民大学、清华大学、上海交通大学等9所高等院校为"创业教育"试点高校，并在政策和经费方面都给予了大力支持，要求这些学校对创业教育的理论与实践进行全方位的探索。这一行动为我国的创新创业教育打开了一扇窗户，因此，也被看成创新创业教育迈向实践期的标志。这是我国高等院校转向全面实践阶段的重要标志。人们在理论层面的探讨还在继续，可是在实践层面创新创业教育的发展已经势不可当。2005年由全国工商联、教育部、共青团中央发起优秀民营企业家"创业讲堂"活动，组织"创业导师团"走进高校，引导大学生增强自立自强、努力成才和科学创业的意识，积极扶助大学生创业实践，实现"以创业带动就业"。这一行为表示，国家清晰地认识到创新创业教育仅仅依靠高等院校是不行的，创新创业人才的培养需要以政府为主导，促进校企联姻、产教融合。中国福利教育基金为了扶助大学生创新创业，设立了专项基金"中国大学生创业公募基金"，为大学生创新创业提供了重要的物质保障，消除了大学生创业的最后一道障碍。从此，大学生只要敢于创业、勇于创业，就可以获得政府的大力支持。

此外，企业、学会也开始对高校创新创业教育给予大力支持。如微软主办了"创新杯"全球学生科技竞赛，英特尔举办了"英特尔—清华"全国大学生创新创业实践夏令营和高校创业教育教师研修班，联想公司推行了联想青年公益创业计划，吉利集团开始创办学生创业科技园和大学生创业基金。在这一时期，创新创业已经被许多有前瞻性眼光的企业家所关注，创新创业在全国范围内开展起来。许多大学生在这些活动中脱颖而出，成为未来的创业达人和技术骨干，为国家科技进步和经济发展注入新的动力。全国的创新创业教育在实践活动方面也有所突破。一是借鉴外国创新创业教育模式。比如共青团的"KAB 创业教育项目"，此项目的主要目的是基于国外创新创业教育的先进经验，结合国内教育的实际情况，探索出中国特色的创业教育路径。2006 年，清华大学等 6 所高校首批加入"KAB 创业教育项目"计划。截至 2007 年春季，国内五十多所高校开设"大学生 KAB 创业基础"课程，其内容和方法受到广大师生的欢迎。二是开展中国青年创业国际计划。共青团中央等部门在全国范围内推广青年创业创新，共同发起青年创业教育项目，为社会创造财富。三是培养创新创业教育师资力量。2004—2007 年，教育部高教司委托北京航空航天大学创业管理培训学院举办"教育部创业教育骨干教师培训班"，有 200 余名教师参加培训，他们来自全国 100 多所高校。

三、创新创业教育的深化期

2009 年，中国高等教育学会专门成立了创新创业教育分会。这标志着创新创业教育作为一种新的教育概念，正在被越来越多的研究者所认识，为创新创业教育的理论研究拉开了新的序幕。这一事件，也成为中国创新创业教育进入深化期的重要标志。随后，2010 年教育部成立"高等学校创业教育指导委员会"，创新创业教育在高等院校轰轰烈烈地开展起来，对创新创业人才的培养，具有重要的指导意义。

这些行为都很好地推动了创新创业教育的全面发展，中国的创新创业教育开始进入深化期。在创新创业教育深化期，中国在创新创业教育领域投入了较大的力量，致力于形成一套完善的扶助创新创业教育的政策体系，建立一整套完善的创新创业教育机制，营造一个大众创业万众创新的社会环境。国家和政府从宏观层面和国家未来发展角度考虑创新创业人才对未来社会发展的重要作用，系统性的创新创业教育模式的形成已成为必然。这一时期创新创业教育的主要成果集中体现在以下三个方面。

（一）深化期政策方面的成果

国家和政府正在努力推行创新创业教育制度化、科学化、系统化，在全国范围内推广创新创业教育，引导创新创业向更高层面发展。2010 年，国务院批准的"创业引领计划"得到了教育部、财政部、人保部等部门的联合支持。该计划的目标是在 3 年之内，在全国引领 45 万名大学毕业生自主创业。我国几大政府部门联合发力，为创新创业教育的全面推广提供强有力的政策保障。同年，教育部下发了《关于大力推进高等学校创新创业教育和大学生自主创业工作的意见》，标志着我国创新创业教育进入全面推进阶段。这一重要文件，重点阐述了高等院校对创新创业人才培养的重要责任和主要思路，并为整个创新创业教育提供了纲领性的文件。随后，《国家中长期教育改革和发展规划纲要（2010—2020 年）》明确提出：加强就业创业教育和就业指导服务，这是特别突出创新创业教育在整体经济发展中的重要作用。

2010 年 5 月 13 日，教育部成立了高校创业教育指导委员会，重点开展高校创新创业教育的研究、咨询、指导和服务，这一专业机构的成立，为全面开展创新创业教育研究提供了有力的平台保障，中国的高等教育开始着力构建一个宏大的创新创业教育研究新局面。2012年，《教育部关于全面提高高等教育质量的若干意见》明确指出：把创新创业教育贯穿人才培养全过程，制定高校创新创业教育基本要求，开展创新创业教育师资培养培训，支持高校开展创新创业教育培训等。这一文件，对于创新创业教育的具体任务进行了分解和总结，为全面发展创新创业教育提供了几条预设的思路，这是从过去创新创业教育实践中提炼出来的经验，对于未来创新创业教育的发展具有重要的指导意义。2012 年 8 月，教育部办公厅印发《普通本科学校创业教育教学基本要求（试行）》通知，对教学目标、原则、内容、方法、组织等有了明确规定，推动高等学校创业教育科学化、规范化、制度化建设。这是国家明文规定高等院校推进创新创业教育的标志性成果，全面体现了我国创新创业教育经过数十年的发展，已经迈向分类化、规范化、制度化的新起点。

从整体来看，中国的创新创业教育，在经历数十年的探索和发展后，已经逐步进入深入发展的新时期。创新创业教育的政策指导总量在急剧增加，并且分门别类，同时由多部门联合发文，在社会上形成强大的创新创业氛围。创新创业，已经从教育领域、经济领域蔓延到各行各业。就创新创业教育的理论指导而言，教育类的指导呈现科学化、体系化的新特点，这为创新创业教育的深度发展提供了重要的政策性保障。

（二）深化期理论方面的成果

理论研究成果层出不穷，标志性理论成果日趋增多，研究论文、专著出版越来越密集，特别是一些研究报告的出现，为整个创新创业教育提供了方向性的指导。2009 年后，我国创新创业教育飞速发展，2010 年相关研究论文达 284 篇，2011 年为 400 篇，2012 年为 446 篇，研究内容的深度和广度都有了提升，其间，创新创业教育研究的学位论文数量大幅增加，国家自然科学基金、社会科学基金，教育部规划课题、高教学会课题、各省市课题对创新创业教育相关研究大力资助。中国高教学会从 2009 年起着手编著《中国大学生创新创业教育发展报告》，全面总结我国创新创业教育的发展进度、研究成果和实践情况。2010 年在湖南省长沙市又举办了以"面向未来的中国大学生创业"为主题的高峰论坛，对未来与国家创业相关的实践活动有着宏观的指导意义，论坛就创业教育理念、实践活动、基地建设、服务等内容进行了全面讨论，并达成了共识。

这些理论层面的探讨和研究，不断地将创新创业教育向更深层次推进，中国的创新创业教育理论研究在这一时期显示出成果多、系统性强、标志性成果多、研究方向多、研究深入的特点，这些标志着我国的创新创业教育理论研究正进入一个前所未有的丰收期。显然经过长期的探索与实践，人们对于创新创业教育的本质有着更深刻的认识，对创新创业教育的发展方向有更深入的体会。这一切又反过来指导我国的创新创业教育实践向更高层面的发展。

（三）深化期实践方面的成果

我国多样化的创新创业教育实践体系已经初步形成。在这一时期，各大高等院校逐渐完善了自身的创新创业教育体系。这种创新创业教育体系主要从三个方面来体现。

首先，在创新创业活动方面，以赛事为龙头，带动创新创业教育的发展。在全国范围内推广创新创业大赛，尤其是在创新创业方面，将创新创业大赛成果作为衡量创新创业教育质量的关键指标。上海交通大学举办"上海交通大学学生创业计划大赛"、承办"挑战杯"中国大学生创业计划大赛等，以赛代练，激发学生的创新创业潜质。

其次，在课程建设方面，逐渐形成多元化创业教育课程体系。当前，许多高等院校都开设了内容丰富的创新创业类课程，涉及多个课程类别，并且有相当数量的学分，有些学校还在专业教育中渗透创新创业教育课程。

最后，在基地建设方面，不少高等院校都建立了校内外创新创业实践基地，尤其是那些与地方企业有紧密联系的地方性本科院校，与企业合作联合建立了许多创新创业实践基地。比如江西科技学院在推进创新创业教育的过程中，探索了"基地+园区"的发展模式，通过实践基地和大学科技园共同配合，推进了大学生的创新创业实践。

经过理论的研究、政策的指引，中国创新创业教育实践开始逐渐发力，迅速在全国范围内推广开来。这是一种历史性的进步，无论是在基地建设、课程建设，还是在活动引导等方面，我国高等院校都已经探索出一条有益于创新创业人才培养的新路，并在这一路径上，向着更高更强的方向全力发展。

第二节　国内大学生创新创业教育的主要路径

我国的高等院校发展创新创业教育已经经历相当长的一段时期，他们探索出了形式多样的创新创业教育模式，对于创新创业教育发展的主要路径也进行了许多有益的探索。创新创业教育发展路径是指根据形势发展针对增强大学生的创新创业素质和能力而确定的行动方式和手段，以便完成创新创业教育人才培养目标。当前，关于我国高等院校创新创业教育的发展路径虽然已经有了很多实践探索，但是整体研究成果依然不够丰富，而且大部分文章是从宏观视角展开论述的，对创新创业教育具体细节的指导不够，针对性不强。

应该看到，高等院校的创新创业教育的路径研究具有系统性，它覆盖学校教育、政府政策、大学生活动三个部分，要想实现国内高等院校创新创业的长远发展，就必须使这三个子系统互相支撑、互相融合、互相协调，发挥出整体性的力量。因此，各个子系统之间应科学协调、沟通及合作，形成合力，共同推进创新创业教育的全面发展。从整体上看，虽然我们强调"大众创业，万众创新"，但是并非每一个人都有创新的素质，也并非每个人都能够创业成功，创新创业教育的本质是培养大学生的创新创业人格，让他们具备创新意识、创业精神和创新创业能力。只有具备以上资质的大学生，在未来进入企业岗位才能更好地服务于地方经济发展，才能在个体的职业发展中占得先机。所以，推进创新创业教育，研究创新创业教育发展路径，必须从宏观层面着手，构建一个适应当前高等教育发展的全面合理的理论体系。这个理论体系应该覆盖理论与实践、校内与校外、学校与学生、教育与社会等诸多领域。

一、转变教育理念

（一）坚持全面发展教育理念

创新创业教育，要以人的全面发展的教育理念为指导，来制定人才培养目标、人才培养规格、人才培养方案，开展教育活动，进行考核评价。人才需求结构呈金字塔的形式，而在这些就业岗位中，只需要极少数的精英人才，绝大多数毕业生必须在生产服务一线工作。但我国的高等教育现状是在相当长一段时间里将培养研究型人才作为主要目标，严重忽略了应用型和创新创业型人才的培养。在培养过程中偏重学习理论知识，忽视了大学生创新素质的培养和实践能力的提升。其培养的人才往往眼高手低，缺乏冒险精神和工作热情，在为人处世方面也有所欠缺，进入工作岗位后不擅长处理人际关系。

事实上，大学生毕业以后只有经历长时间的基层岗位锻炼，才能积累丰富的实践经验，才能使其从一个学生成长为一个职业人。而对于创业者，任何创业项目都必须从基层做起，从最基础的工作开始，了解工作流程，设计创业项目，组织创业资源，实施创业计划等，这也是一个实践操作的过程，不可能一蹴而就。他们必须学习管理经验，拓展创新创业思路，把自己塑造成具有创新精神、创业意识和创新创业能力的现代创业者。

因此，在大学生创新创业活动中，首先对精神意志方面有基本的素质要求，主要体现在自信心、人生观、意志力等方面。要想提升个体的精神意志，就必须坚持全面发展的教育理念，主要可以从以下三个方面着手：第一，坚持素质教育本位，通过课堂教学和课外实践，学生在德、智、体、美等诸多方面能够得到发展；第二，坚持以人为本，充分尊重大学生在创新创业教育中的主体性，发挥他们的主观能动性，全力挖掘他们的创造潜能；第三，要坚持把培养大学生的创造素质作为人才培养的关键内容，鼓励大学生参与创新创业活动，激发他们的责任感、使命感，强化他们在未来社会经济发展中的重要作用。

（二）科学制定人才培养规格

创新创业人才培养，是在国家经济下行压力过大、制造业转型升级、"大众创业，万众创新"的历史新命题下提出的新要求。所谓创新创业人才，是指具有创新创业精神和精益求精精神的引领者。而传统的学历教育是不能培养出这类人才的，因此在推进创新创业教育的发展过程中，必须冲破传统学历教育的束缚，借鉴职业教育的育人思路，更加强调复合型、应用型、综合型的知识、能力、素质结构，通过调查研究，反复论证，科学制定人才培养总规格。

创新创业人才的知识结构，包括经营管理知识、综合性知识、职业和专业知识。专业与职业两方面的知识共同作用于学生，促进其在工作中不断发展，两者不分轻重，应当同等看待。经营管理知识则是创业者在创业过程中必须具备的知识。对于下属的良好管理和企业经营相关知识地方政府、科研院所共同发力，为学生创新创业提供政策扶持和技术支持。另一方面是学校内部也要开放，高等院校内部的部门之间要打破界限，在全校范围内形成"全校一盘棋"的局面，加强部门与部门、行政人员与教师、教师与学生之间的沟通，形成资源共享、优势互补的良好局面。学校的各部门要勠力同心，在校园内开展丰富多样的创新创业活动，营造创新与创业的校园文化氛围；授课教师更要立足于当前的教学实际，从课程教学入手，强化创新创业教育，开设创新创业教育课程，积极开展理论研究，更新专业理论知识，强化教学技能，更好地为学生服务；学校的教师要与学生沟通，建立创新班组，组建创业团队，引入创新创业专项资金，为学生的创新创业活动保驾护航。在"全校一盘棋"思想的指导下，学校全力以赴培养创新创业人才。

当前，我国处于社会主义市场经济的转型期，同时也是全面决战小康社会的重要时期。在外部，国际上全球经济与科学技术以及教育竞争正愈演愈烈；综合国力竞争的核心就是科学技术的竞争，是创新能力的竞争，是经济实力的竞争。而这一切，落实到高等教育，就是在创新创业教育理论研究的基础上，推广创新创业教育，建设课程体系，着力培养"双创"人才，保障培养质量。只有如此，我国高等教育才能在未来的国际竞争中立于不败之地，为国家经济社会发展做出重大贡献，高等教育也才能具有更加长久的生命力。

二、强化校内教学

（一）重构创新创业课程体系

近年来，中国高等教育正发生着一场由规模扩张向内涵建设的转型，分类发展、特色建设成为当前中国高等院校转型发展的重要指导思想。然而由于一直以来受到传统的教学体制严重的束缚，现有的课程体系存在滞后性、片面性和同质化的缺陷，大大限制了这场重要变革的发展速度。首先，课程教学理念的滞后。以往的中国大学主要强调概念性、知识性的课程教学，提倡知识本位主义，而没有顾及大学生发展的社会需求与能力导向。其次，课程结构通常都是公共基础课、专业基础课、专业课的三段式结构，只重视学生的专业素养培养，忽视了学生综合素质的提升，不利于创新创业人才的培养。最后，传统课程体系在知识结构方面，片面强调专业，而忽视了知识的连贯性、综合性，片面强调整体教育，忽视学生创新能力培养、全面发展、个性发展。

不难看出，为了全面推动创新创业教育的发展，重构课程体系已经成为当前高等学校教育教学管理的关键任务。重构课程体系就是要处理好专业课程与通识课程、整体培养与个性发展、知识传承与能力养成之间的关系，切实实现专才与通才、科学与人文、传承与创新等的结合，尤其是要注重对创新创业类基础课的开发、选修课的开放、课外活动的引导。课程设置应兼顾其创新性与实用性，注重学科间的交叉与渗透，要理论联系实际，从学生的实际情况出发，构筑科学合理的课程体系，并且要注意学生自主学习的需求。具体来说，主要从三个方面着手。第一，相应地减少专业课程总量，增加创新创业基本素质培养的基础课程，尤其要重视通识教育对学生综合素质培养的重要作用。第二，增加一定比例的综合性课程，注意文科和理科相结合，兼顾其他学科，开阔学生的视野。还应开设一定数量的综合性课程，让学生掌握跨学科、跨专业的知识，使学生形成复合型的知识体系。第三，要特别注重选修课程的开设，在设置选修课时要坚持前瞻性与经典性、知识性与可操作性、启发性与讨论性的统一，还要建立完善的选修学分制度，保证学生选修到所需要的课程。通过以上三个方面，学生能够拥有相对较多的时间自主学习，又具有跨学科的思维方式，并且还能够通过选修课来形成复合型的知识结构，对于创新创业人才培养起着至关重要的作用。

（二）改革创新创业实践教学

实践教学是指需要学生亲身参与实践才能完成的教学环节，是理论教学的继续、延伸和深化。在高等院校的日常教学中占有重要地位。只有通过理论联系实际，学生在课堂上学习到的理论知识才能锻炼为能力，内化为素养。创新创业教育具有极强的社会实践性，相对而言封闭式的教育只会束缚学生的创新思维和创新活动，因此高校应吸收外部的社会力量，通过开放办学的模式，与企业、行业协会、政府机关、科技园等建立合作关系，通过共建实践基地，为创新创业教育搭建平台。

推广创新创业教育，要从实践教学体系入手，把握实践教学的时代性、适应性、先进性和系统性的基本特征，建立与时俱进、实时更新的实践教学体系。在制定实践教学体系的过程中还要注意实践教学参与要素的互相配合、共同作用，使实践教学与理论教学有效结合。

"开展创新创业教育，不应该仅仅对学生进行说教，还必须要走产、学、研一体化道路，同时为学生创新创业提供示范以及实验基地"。产、学、研一体化，是当前高等院校培养应用型人才的必然选择，同时也是培养创新创业型人才的实际要求。所谓产，就是生产，这需要当前高等院校立足于知识创新，并将之与社会生产结合起来，使高校发挥对社会生产的促进作用；"学"与"研"则是对"产"的补充，通过"产"使三者形成一个完整的统一体，更好地为经济社会发展服务。产、学、研就是要立足于生产，充分借用高校的知识资源、社会的经济资源、其他社会机构的研究力量，将其充分整合，形成可持续发展的合作关系平台，共同创造经济效益。

关于具体的操作，可以分为两方面。一方面，高校可以在师资队伍，尤其是实践教师队伍方面与企业、行业、科研院所合作，聘请精英人才，担任兼职教授或是创业导师；同时也可以根据企业需要，建立创新创业平台，一方投入人力，一方投入资金，开展横向课题研究，培养创新创业人才。另一方面，企业可以在高校建立专家指导团队，吸收高校先进的科研成果，更新换代产品，将其转化为短期可见的经济效益。在创新创业实践方面，企业家在同学校的接触过程中，能够实质性地形成一张巨大的创业关系网络，这对于那些致力于创业的学生来讲，着实是一笔巨大的无形财富。

（三）探索创新创业教学模式

21 世纪以来，随着现代技术的高速发展，尤其是信息技术的深度开发，当前各领域工作者的职业素养急需得到提高，这一现实反映在高等教育领域，就是要求当前的高等院校深化教育改革，创新教育教学模式，探索出符合创新创业人才培养需求的教育路径。创新创业教育是一种从内容到形式都有别于传统教育的新型教育，甚至可以说是一种革命性的教学观念。基于这一现实，借鉴外国创新创业教育经验，探索并实践国内的创新创业教育模式就成为当下摆在高等院校面前的重要课题。具体来说，应该从两个方面入手来探索新型的创新创业教学模式。

一方面，从教学内容入手，高等院校着力突破专业和行业壁垒，拓宽涉及专业范围，丰富大学生学习的课程体系与知识结构，调动个体学习的主动性，使学生在学习内容方面拥有自主选择权，依照他们的需要构建复合型的知识体系。传统的课堂教学内容也要加以改革，从国外创新创业教育的成功范例汲取经验，借鉴其好的教学方式，比如可以邀请社会精英来校讲座，为学生提供现实的创业指导，进一步丰富高校课堂教学内容，更新学生的知识体系。

另一方面，从教学形式入手，创新创业教育对于教育教学方法有更高的要求，不仅需要客观的理论传授，还要推陈出新，采取案例式、探讨式、启发式、现场式等新的教学形式，让学生在生动活泼的教学环境中学习。随着信息技术在高等教育领域的推广，慕课、微课等新的教学平台也在不断丰富教学资源，学生可以有机会接触更多的创新创业知识，这种新技术利用声、光、电的设备向学生全景式地展示创新创业的各个环节，对创新创业教学形式的改革具有重要的推动作用。

　　同时，高等院校还要充分利用第二课堂，通过开展创业计划大赛、创业交流、创新科技大赛、创新社团活动、创新工作室等方式，进行全方位、立体式的创新创业教育。学校定期组织座谈会，让业界精英、创新创业达人与学生面对面地交流，为其解决创业过程中的具体难题，并提供经验，进一步激发大学生创新创业的热情。此外，"通过其他形式多样的创新创业实践活动，诸如各学院学生刊物的策划与创意、学生社团的组织与管理、大型公共活动的设计与组织、科研或学术研究的起草与申请、法律实践或金融实践的模拟等，使不同专业和不同特长的学生均可为将来的创业积累有益经验"。高校还应该对创新创业活动有所拓展，如大学生科技创新竞赛、创新实验室、众创空间、创科大学等新的创新创业形式应该在大学里"百花齐放"。

三、优化校外环境

　　创新创业教育的全面开展仅靠高等院校的自身力量是不够的，还需要各种社会力量的鼎力支持。培养创新创业人才，做好高等院校校外教学环境保障，国家和政府应该主导整体的社会力量参与其中。创新创业人才培养是为国家经济社会发展服务的，是为提升企业竞争力服务的，是为地方政府未来发展服务的，因此在推进创新创业教育的过程中，政府绝对不能缺位，必须在利用市场机制的积极作用的同时强化自身的责任。在中国，政府是国家公共权力的绝对拥有者，它能充分调动各种有利的因素，对教育行为有重要的引导性作用，同时抑制那些对社会发展不利的趋势。事实上，各地高等院校的发展往往受制于地方政府，这种受制体现在各类资源上。基于此，高校与政府在推进创新创业教育过程中就必须完全同步，互相支持。具体来说，可以从三个方面来优化创新创业人才培养的校外环境。

（一）普及创新创业政策

正如前文所提到的，中国的创新创业教育政策正在逐渐向制度化、科学化、系统化方向发展。尤其是近几年，国家和政府多次提出要营造"大众创业，万众创新"的氛围，先后出台了《关于大力推进高等学校创新创业教育和大学生自主创业工作的意见》《国家中长期教育改革和发展规划纲要（2010—2020年）》《教育部关于全面提高高等教育质量的若干意见》《普通本科学校创业教育教学基本要求（试行）》等一系列文件，倡导全民参与创新创业，构建和谐社会。这些政策的出台，也对各级地方政府起到很大的引导作用，他们纷纷推出了配套的鼓励大学生创新创业的相关政策。

在高等院校全面推进创新创业教育的当前，地方政府也要在创新创业教育中发挥自身的作用。他们主要可以从三个方面来推动创新创业教育。首先，在政策推广方面，要让大学毕业生全面地了解国家和地方政府关于毕业生创新创业的政策，要充分调动学生创新创业的积极性，发挥现代大学生的个性与创造力。地方政府要收集整理创新创业相关政策，如减免税收，提供创新创业援助、创业贷款以及其他社会保障等方面政策，向大学生普及创新创业相关知识与政策，激励大学生从事创新创业活动。其次，在政策理解方面，地方政府要让大学生正确理解，并能够很好地利用相关政策。地方政府可以通过分析会、报告会、听证会等会议形式，全面解析政府对于创新创业的扶持政策，为大学生创业提供政策咨询，担任决策顾问的角色，同时应该致力于支持大学生创业行为，必要时还应该提供一定的物质保障。最后，在创新政策制定方面，要真正立足于大学生所想、所需，通过调查研究、合理制定各种创新创业政策。地方各级政府还需要努力优化社会创新创业环境，通过科学合理的理论研究，政策检验，全面制定符合市场需要的新型创新创业政策。

（二）构建多元融资渠道

中国的高等教育经费主要来源于政府拨款。高等院校，尤其是公办本科院校，其公益性的办学定位，让其对政府有一种天然的依赖。为了更好地在高校推进创新创业教育，加大对高等教育的投入，制定合理的经费保障制度至关重要。但是盲目增加投入，对于高等院校的良性发展并没有好处，政府应引进竞争机制，在分配高等教育财政拨款时体现效率优先的原则，在保障公平的前提下，提高教育经费的整体利用率。尤其是对那些服务地方经济发展的应用型人才培养院校，在财政拨款时应该有所倾斜。要在关注基础理论研究的高等院校的同时，也要兼顾以应用型研究为主的学校，因为这些学校培养的人才同样是为社会发展服务的。

为了推动创新创业教育，政府应该为具有创新创业能力的学生提供一定的经费支持，为这些大学生创新创业缓解筹资压力，帮助他们实现创新创业梦想，同时对地方经济社会发展做出重要贡献。地方政府应该积极借鉴发达国家扶持创新创业教育、深化创新创业活动的有效经验，通过政府、社会以及银行这三条主要渠道来建立创新创业的专项基金，形成创新创业财政的绿色通道，还要设立专门的创业和创新贷款，建立"大学生创新创业基金"。这些方式可以为大学生创新创业活动提供一定的物质保障，能够让大学生在创业活动中没有太多的后顾之忧，也打开了大学生创业回馈社会的大门。

地方政府可为大学生创新创业提供以下四种筹资方式。一是担保贴息贷款。政府或者企业为学生提供贷款担保，银行出台减息让利政策，甚至可以对有潜力的创业项目提供贴息扶持。二是信用担保贷款。政府通过为优秀大学毕业生提供信用担保贷款的方式，为优秀大学生提供资金扶持，降低大学生资助创业的门槛，尤其是在校大学生可能拥有有潜力的创业项目，但是往往因为资金问题，不得不望"创业"而止步，对于这些优秀的大学生，政府应该给予资金上的支持。三是创业孵化器。由政府牵头在高新开发区建立大学生创业孵化器，在园区内开辟大学生创业的专门场地，免费向创业大学生提供，还可以借贷部分资金给创业大学生。四是一条龙服务。大学生创业往往对于公司的开设等问题不太了解，对于税务政策也不明了，政府要开辟大学生创业绿色通道，降低大学生创新创业的市场准入门槛，减少公司注册资金，减免大学生创业办理工商税务等相应证件的费用。

（三）开放办学自主权利

由于高等院校与政府存在天然的联系，高等院校在发展过程中时常受到政策性的制约。尤其是在公办院校，学校师资条件好、基础设施完善、校风学风较好，是培养创新创业人才的主力军，但是由于各种因素公办高校经常出现管理体制僵化、经费使用死板等问题。

因此，政府在对高等院校进行宏观管理时，要依照社会发展的趋势，对高等院校的教育提出相应要求。然而在具体的管理过程中，政府应该给予高等院校充分的自主权，高等院校是学生进入社会的最后一道门槛，承担着重要的人才培养任务，死板僵化的管理会极大地限制高等院校人才培养职能的发挥。因此，政府最好不要直接参与高等院校的内部管理，更不能对高校内部的运作环节与过程进行干预。高等院校系统内部的宏观发展，重点体现在高等教育事业的前进方向以及质量标准建设等方面。

总而言之，政府对于高等院校的管理，应该是一种宏观管理，而不应该是具体控制，要对高校办学自主性予以充分的尊重。政府关注的重点应该是地区高等教育发展的整体规划与办学形式的规范化。但这种管理并不应该涉及具体的事务性工作，必须尊重高等院校的相对独立性，虽然高等院校是国家所有，但还是应该与政府相分离。

（四）完善政府服务体系

地方政府还要为高等院校的发展提供必要的服务，高等院校的确承担了人才培养的历史性重任，但是培养的人才最终还是为国家经济社会发展服务的。创新创业人才培养，是在国家经济下行压力过大，制造业转型升级势在必行的前提下提出的，是高等院校为响应国家发展要求而做出的主动改变。对于高等院校来说，这种改变本身也是一个全新的领域，地方政府的介入就成为一种必然，更重要的是地方政府还要引入其他各方面的力量，来共同推动教育领域的巨大变革。因此，完善政府服务体系，搭建学校与其他社会力量合作的桥梁，就成为当前政府推动创新创业教育、激发创新创业潜力的重要举措。

当前，许多发达国家拥有了较为完备的青年创新创业的服务系统，而我国政府和各级地方政府的服务系统还不完善，需要从基础环节入手，着重完善创新创业服务体系，具体来说就是要加强以下六项服务。

（1）创新创业信息发布服务，对创新创业的咨询要有定期发布的渠道，以吸引更多的人才投入到创新创业活动中，主要有报纸、电视、互联网等媒体。

（2）创业项目跟踪服务。对创业项目，尤其是有潜力、能带来经济效益的项目，政府部门要进行评估，并配备专门导师，进行一对一咨询指导服务。

（3）共享创业资源信息服务。借鉴国外"大学生创业超市"经验，整合大学生创业项目，帮助他们形成团队，实现资源的优化配置，共享创业信息。

（4）创业法律咨询服务。大学生创业需要法律的支持，政府应该保护大学生的创业热情，成立专门的法律援助中心，维护大学生的创业权利。

（5）创业活动服务。政府应该针对大学生创业的重点、难点问题，组织专门的研究团队进行攻关，帮助大学生解决创新创业中的现实性问题，帮助大学生创业。

（6）创业活动激励服务。大学生创业并非一蹴而就，需要一个相当长的准备过程，因此既要给其提供必要的物质保障，又要调动积极因素，为大学生创业者创业能力的培养服务。

在创新创业教育的发展过程中，政府同高等院校既各自发挥作用又互相补充，所以要理清政府与高等院校之间的关系，形成合力，全面推进创新创业人才培养，为社会的转型发展和经济水平的持续提高贡献力量。

第三节　国内大学生创新创业教育的基本模式

当前，创新创业教育在国内高等院校内部正如火如荼地开展，已经成为我国高校在社会发展新时期理论与实践的双重热点。2010 年以后，中国已经进入创新创业教育的深化期，加大力度发展创新创业教育，以满足建设创新型国家的需要，增强国家的国际竞争力，提高人才培养质量，缓解大学毕业生就业压力。在这一背景下，各大高校的创新创业教育实践持续不断地进行，创新创业成果不断涌现。为了更好地推动创新创业教育的深入发展，总结当前高校创新创业教育的实践经验，理清创新创业教育基本思路，成为当前教育研究工作者的重要任务。

我国的高等教育规模大，高等院校数量多，从本科高等院校到高等高专院校，从公办院校到民办院校，从理工科院校到文科类院校，可谓种类繁多。据 2015 年数据统计，全国各类高等教育在校学生总规模达到 3647 万人，高等教育毛入学率达到 40.0%。全国共有普通高等学校和成人高等学校 2852 所，比上年增加 28 所。其中，普通高等学校 2560 所（含独立学院 275 所），比上年增加 31 所；成人高等学校 292 所，比上年减少 3 所。普通高校中本科院校 1219 所，比上年增加 17 所；高等（专科）院校 1341 所，比上年增加 14 所。全国共有研究生培养机构 792 个，其中，普通高校 575 个，科研机构 217 个。这么多高等教育院校及机构，其开展创新创业教育的模式必然有所不同，笔者将从三个维度通过案例分析的形式，来解析当前国内高校几种典型的创新创业教育模式。

一、综合型的创新创业教育模式——以清华大学为例

清华大学是我国乃至亚洲最著名的高等学府之一，办学水平高，基础条件好，师资力量强，研究能力好，是我国"211 工程""985 工程"的重点院校，也是九校联盟、东亚研究型大学协会、环太平洋大学联盟成员，被誉为"红色工程师的摇篮"。清华大学是我国最早推行创新创业教育的学校之一，其创新创业教育呈现综合型发展的态势。清华大学主要从人才培养模式改革、创新创业教育平台、创新创业活动三个方面来推进创新创业教育。

在人才培养方面，学校以素质教育为先导，改革教学模式和评价体系。2014 年清华大学成立"新雅书院"，作为通识教育实验区，全面提升在校生素质教育；同年，清华大学制定了《关于全面深化教育教学改革的若干意见》，全面重构了知识、能力、素质"三位一体"的教学模式。2015 年清华大学又推出学业评价体系改革方案，进一步强化素质教育和创新导向。通过素质教育，学生的创新创业精神、创作思维和创作意识都有了很大改观，推动了创新创业教育的发展。

在平台建设方面，清华大学构建了"三创"平台，全面推进学生创新创业活动，让学生不仅有思维，还有实践。所谓"三创"，即创意、创新、创业。清华大学面向本校所有学生开设了创新创业类理论课程、讲座，举办创业大赛、"校长杯"等系列赛事，设立"星火班""启创班"等创新创业人才重点培养项目，重点打造"未来兴趣团队""创客空间""X-lab""创 +"等"三创"平台。在清华大学，每年有1700 多人参加"创客空间"，其中90% 的学生为本科生。

在课外活动方面，清华大学积极鼓励学生参与学术研究、科技竞赛和创业活动，在实践中培养创新精神、创业意识和创新创业能力，全面培养学生的综合素养，为国家未来的经济社会发展服务。清华大学先后创立"挑战杯"学生课外科技竞赛，累计有 3 万多名学生参赛，并被推广为全国性竞赛；推出"大学生研究训练计划"，累计立项约 15000 项、27000 名本科生参加；举办创业计划大赛，并被推广为全国性竞赛；实施"科技创新，星火燎原"学生创新人才培养计划，支持学生自主立项进行前沿学术探索。

可以说，清华大学的创新创业教育发展模式是一种综合型的发展模式，覆盖了创新与创业两个维度，并将其有机结合起来；打破了传统课堂的束缚，将课内与课外结合起来，让学生在实践中得到锻炼；将平台建设与人才培养结合起来，在创新创业成果方面取得了重大的进展。但是应该看到，清华大学在创新创业方面的成功是建立在国家庞大的教育教学资金拨款基础上的，建立在雄厚的学科专业基础上的，建立在强大的教师队伍基础上的，建立在优秀的研究团队和学生基础上的。这种成功具有很严格的前提条件，是研究型重点大学创新创业的成功模式，并不适合一般性地方本科院校。这些以本科教育为主的新建本科院校在师资、学科专业、基础设施方面较弱，其创新创业教育模式具有较强的推广意义。

（一）综合型的创新创业教育模式的优势

（1）覆盖面广。综合型的创新创业教育模式往往是由重点高校来推广的，这些学校办学资源丰富，办学经费充足，对于创新创业教育理解比较深刻，对整体推进创新创业教育有着合理的全盘考虑。因此，在推进创新创业人才培养过程中，他们往往兼顾人才培养的各个层面，从课程体系、教师资源、平台建设、项目引导、经费保障等方面对大学生创新创业素质进行全面培养。

（2）体系完善。创新创业教育是一个系统的工程，从大学生进入学校时创新精神、创业意识的初步培养，到最后毕业时的创新创业活动，是一个漫长的过程。因此，只有对创新创业教育有全盘的理解和把握，通过制度保障、经费保障和人才保障等措施才能有效地推进创新创业教育发展。重点大学在这方面有天然的优势，他们对于创新创业教育的理论研究较为深入，对其思考也比较深刻，较容易建立一种完善的教育体系。

（3）成果丰富。因为推广综合型的创新创业教育模式的高校办学层次较高，办学条件好，生源质量很高，所以当这些学校下大力气，整合教育教学资源，投入创新创业教育时，较容易出现一些标志性成果。而且这些学校都有十分成熟的学科专业团队和研究团队，他们可以带领学生做科研、做课题，搞各种创新创业活动。此外，这类大学具有相当丰富的校友资源，他们对于这些学生的未来发展也可以提供适当的帮助，为这些学校学生未来的创新创业活动提供帮助，因此较容易取得丰硕成果。

（二）综合型的创新创业教育模式的劣势

虽然综合型的创新创业人才培养模式具有许多优势，但其劣势也十分突出。下述劣势严重制约了综合型创新创业教育模式的推广，但是如果能够实现资源的整合，结合部分地方性本科院校的创新创业教育资源，推动创新创业人才的培养，必将为国家未来的经济社会发展做出更大的贡献。

（1）培养成本过高，这种综合型的创新创业教育模式是建构在庞大的教育教学资源基础上的一种精英化的创新创业教育模式，具有人才培养成本过高的特点，没有办法在全国范围内推广。

（2）模式兼容性差，这种综合型的创新创业教育模式具有鲜明的学校特色，尤其是像清华大学这样的重点院校，学校培养学生的前提是学生足够优秀，这种教育模式起点较高，无法普及。

（3）应用性弱，像清华大学这样的重点院校，其培养的创新创业人才，着眼点往往是创新，尤其是基础理论的创新，在创业实践方面往往比较薄弱。清华大学由于在校本科生十分有限，从事的创新活动往往也是以研究型为主导，对于经济社会发展往往不能产生直接的作用。

二、特色型的创新创业教育模式——以黄淮学院为例

我国高等教育院校虽然有一部分"双一流"大学和重点大学，但是也有高等教育的主力军如黄淮学院这样以本科办学为主的新建本科院校。这些学校大多存在办学历史不长、师资力量不强、办学基础薄弱、办学经费不足的问题，但正是由于其办学历史较短，所以受到传统教育教学理念的束缚较小，它们很快探索出与其办学特色相适应的创新创业人才培养模式。黄淮学院就是这样一所典型的新建本科院校。

黄淮学院依托专业特色，构建科学合理的课内创新实践教学。动漫专业是该校的国家级特色专业，该校是省级重点实验室、苏州国际科技园河南动漫人才实训基地、河南省"动画设计"方向文化改革发展人才培养基地。该校动画类专业通过与华豫兄弟动画公司的合作联盟，以校企联动方式，集聚双方的综合优势，打造教学、生产、科研相结合的综合性研究开发平台。黄淮学院围绕动漫专业，重点打造创新实验中心，通过开展综合性、设计性、研究创新性实验教学，凸显

科学思维训练和科学研究方法训练，打造大学生科技创新平台，激发学生的主动性和创造性。充分发挥老师的主观能动性，积极引导大学生创新创业。面向优秀高考新生开设创新实验班，以信息工程系为试点，探索理工科创新型人才培养机制。仅 2009 年，该校共有近 1000 名学生参与教师科研项目的研究工作。学校每年组织和参加全国大学生电子设计竞赛等全国、省级和校级竞赛六十余项，涵盖文、理、工等多个专业和学科门类。同时该校还与北京中锐咨华科技有限公司共同成立黄淮学院软件研发基地，承担了该公司软件开发基地的实质工作。学校组建了由学生、教师合作的易团队，该团队在不断发展的过程中逐渐建立了一套完善的管理体制和精良的网络运营方式，为客户提供详尽可行的技术咨询、建议、方案以及项目完成后标准化服务等一整套完善的服务支持，从而最大限度地满足用户的需求。

黄淮学院在第二课堂教学、大学生科技竞赛和创新创业课程等方面取得了不错的进展。2012 年建成使用的黄淮学院创新创业园，建筑总面积达 2.3 万平方米，是集大学生创新创业学习、实习、科研、服务于一体的综合性创新创业基地，吸引了许多地方性行业企业，共建产学研联合发展平台，为地方经济社会发展服务。黄淮学院的创新创业人才培养发展路径，是整个地方性本科院校创新创业教育的一个缩影，这些学校充分立足于本校的优势特色专业，将人力、物力、财力极大地向这个方面倾斜，最终形成符合学校发展方向的特色型创新创业人才培养模式，为企业和行业培养专门人才。

（一）特色型的创新创业教育模式的优势

（1）地方性强。推广特色型的创新创业教育模式的学校大多是地方性本科院校，这些院校的办学主管单位是地方政府部门，为地方经济社会发展服务。它们与地方的企业行业有天然的联系，它们的生源主要来自地方，就业方向也在地方，因此这些高校的办学者也确定了面向地方办学的服务方向。这有助于人才培养目标的确立、特色的培养。这种地方性本科院校的创新创业教育往往与地方战略性新兴产业结合起来，为这些企业行业输送人才。

（2）应用性好。特色型的创新创业教育模式推广者是地方性本科院校，这些学校的办学历史短，师资力量偏弱，实验室设备也不完善，在这种条件下，推广基础理论研究显然不合适。进行应用性研究、申请实用新型专利、开展应用性技能培养是这些学校的必然选择。学校招收的学生往往综合素质较好，动手能力强，其在应用实践能力方面有先天的优势，培养这些学生的创新创业能力更要立足于应用，让他们拥有创新型的人格，让他们在未来能够为改进生产技术、提高社会生产力做贡献。

（3）合作程度高。推广特色型的创新创业教育模式的地方性本科院校，本身在教育教学资源方面处于弱势，因此他们必须引入企业、行业协会、科研院所以及其他研究型高校，一起进行人才培养。这些学校通过合作，引入多元化的创新创业元素，使学生较快成长。这也成为当前地方性本科院校持续发展、提高人才培养质量的重要保障，产学研合作，产教融合，为特色创新创业教育模式提供了重要的发展助力。

（二）特色型的创新创业教育模式的劣势

这种特色型的创新创业人才培养模式依托的是学校的专业优势，还有企业合作优势，面向地方经济社会发展的战略性新兴产业来培养人才，从整体来看，为地方的企业行业输送了大量人才，对于地方经济社会发展有重要的推动作用。但是，地方性本科院校先天的局限性依然不利于其长久的发展。地方性本科院校应该积极地与其他高校开展创新创业人才培养合作，实现资源共享，搭建融合师资、项目、经费、设备等诸多元素的创新创业人才培养平台，真正突破自身的局限，实现跨越式发展。特色型的创新创业教育模式也存在一些很难突破的局限。

（1）科研实力弱，这使学校在创新创业教育方面很难有大的突破，没有理论的支撑，创新就是无本之木、无源之水，因此这些学校培养的学生只能对一般性的技术进行修补，而无法提出创造性的建议。

（2）发展空间有些窄，这些学校生源多来自地方，学校办学的专业也服务于地方，未来就业的方向也局限于地方，导致这些学校无法吸纳全国的优秀人才，将特色培养的优势发挥到极致。

（3）依赖性强，这些学校与企业合作十分紧密，但是一旦合作企业出现危机，或是合作关系出现问题，某个专业的创新创业人才培养就会陷入困境，而且企业在创新创业人才培养方面也缺乏动力，更多的时候还是学校对于企业有所需求。

三、职业型的创新创业教育模式——以深圳职业技术学院为例

深圳职业技术学院（以下简称深职院）原名深圳高等职业技术学院，成立于1993年，2003年通过教育部高等高专人才培养工作水平评估，2009年入选首批国家示范性高等高等院校。该校自建校伊始就坚持把立德树人作为学校教育的根本任务，依托珠三角产业发展，秉承深圳特区改革创新精神，着力推行"政校行企四方联动，产学研用立体推进"的办学模式和"文化育人、复合育人、协同育人"系统改革，培养"德业并进、学思并举、脑手并用"的复合式创新型高素质、高技能人才。深职院在中国高等院校中被称为"高等中的清华"，其创新创业教育模式，具有鲜明的职业教育特色。

与地方性本科院校不同，高等院校培养的是面向企业生产一线的技术工人。但是这些学校的学生一般动手能力极强，实践操作能力很好，是提高企业生产技术水平、进行技术革新的能手。同时，他们大多充满了创业激情，愿意在市场经济的大潮中奋勇拼搏，勇立潮头。

（一）推动职业型的创新创业教育模式发展

（1）营造以创业为导向的校园文化氛围。学校以"专业＋"和"课程＋"应对"互联网＋"，实施一系列教育教学改革，积极应对大众创业万众创新的新形势和经济社会转型升级的新要求，打造育人平台，革新人才培养理念和模式，学校始终把培养学生的创新创业精神放在首位。在创新创业教育理念的引导下，深职院搭建校内外联动的创新创业育人平台，积极为学生营造一种创新创业的校园文化氛围。

（2）创办创新创业学院，搭建创新创业平台，系统化地培养人才。深圳职业技术学院积极创办校内的创新创业学院，迄今累计招生400 余人。开办创意创业园，园区自 2010 年投入使用以来，累计孵化6 期 150 个项目，成功孵化出园项目 96 个，孵化存活率达到 64%，年均营收 2800 万元，年均带动 500 多人就业。深圳职业技术学院发起深圳大学生创新创业交流会、深圳国际大学生创新创业联盟、创客联盟和中国高等院校创客联盟，筹建微观装配实验室。学生毕业三年后自主创业率达到 12.7%。

（3）深化校企合作，推进产教融合，合作培养创新创业型人才。深圳职业技术学院整合各种社会资源，推进创新创业教育发展，学校积极与企业合作成立"创业学院产学研用指导委员会"，聘请来自多个单位的专家，为人才培养把关指导；按照 MIT 建设标准打造了深圳Fablab（微观装配实验室）；与深圳多家创业园和创业银行互相联动，形成互补对接的企业孵化模式，如百旺创意园、深圳大学城创业园、深圳市微游汇孵化器、创意银行等；与深圳市人力资源和社会保障局等部门密切配合，由这些部门提供奖励补贴、"专家会诊""绿色通道"和项目推广等"一站式"服务。

（二）职业型的创新创业教育模式成功经验

（1）创业导向明确。应该看到深职院的成功首先来源于其对于创新创业教育方向的准确定位。高等类院校在创新方面有着天然的劣势，入校生大多高考分数较低，对理论的接受和理解能力较弱，从事理论创新和应用创新都十分困难，因此，学校有选择地偏重创业教育，提升学生在创业方面的意识，培养学生的创业能力，并给予其相应的创业指导。深职院正是立足于创业教育这一方向，取得了丰硕的成果。

（2）职业方向鲜明。高等院校是面对生产一线服务的，是为企业培养产业工人。培养学生的应用技术能力是高等院校的重要任务。深职院将职业教育与创业教育结合起来，在专业人才培养方案、二级学院创业拓展课程设置、课堂传授、校园文化、创意创业园孵化等方面做了重要部署，从学生进学校的第一天起，就培养学生的创业意识。

深职院真正将培养企业家素养当成一种职业来做，最终取得了学生毕业三年后自主创业率达 12.7% 的优异成绩。

（3）与企业合作紧密。高等院校是培养企业一线工人的摇篮，与企业之间有天然的联系。企业与高等院校之间的合作，从人才培养到就业创业，几乎覆盖了整个人才培养的全过程。深职院每年都有近 5% 的毕业生在毕业一年内实现自主创业，涌现"纸有创意""芯果科技""库特车""云腾设计"等一批优秀大学生创业团队，这些创业团队反哺学校，并最终使学校与企业之间形成良性互动、互助循环，不断提高创新创业人才培养的质量。

（三）职业型的创新创业教育模式局限性

（1）这种创新创业教育在创新方面十分缺失，只有创意没有创新的产品是无法走向世界的，在激烈的国际竞争中很容易被冲垮。

（2）创业本身极端倾向于经济效益，面向企业发展，很容易受到经济发展的影响，只有创业没有经营，是没有办法让一个企业长久立足的。更为严重的是，职业型的创新创业教育受职业本身的局限较大，很难培养学生的宏观视野，无法为经济社会发展做出更大的、延伸性的贡献。

应该看到，无论是重点大学，还是一般的新建本科院校，或者高等类院校，它们的创新创业教育都有各自的优点和缺陷，这从很大程度上限制了我国创新创业教育的持续发展。因此，综合考虑各种创新创业教育模式，笔者认为未来的创新创业教育，必须实现能力互补、资源共享、跨界融合，构建强大的创新创业支撑平台，只有这样才能更好地完成新时期社会经济发展赋予高等教育创新创业人才培养的历史重任。

第四节　国内大学生创新创业教育的教学方法

与其他学科教育相比，创新创业教育领域存在着大量"缄默知识"，不是单纯通过教师的知识传授学生就能掌握的。实践证明，如果还按照传统的理论灌输式的方法进行教学，教学内容往往难以被学生接受，教学效果较差。高校基本上都能够遵循教育教学规律和人才成长规律，以课堂教学为主渠道，以课外活动、社会实践为重要途径，充分利用现代信息技术，创新教育教学方法，努力提高创业教育教学质量和水平。

一、以讨论式、参与式、体验式创新课堂教学方式

总体来看，课堂知识传授仍然是各高校普遍的做法，但各高校也根据创业课程的特点，探索参与式、讨论式等多种实践教学方法，以课堂教学为主，以讨论式、参与式教学方法为辅，来弥补传统课堂教学的不足。授课形式以大班授课的课堂讲授式为主，引入讨论式、参与式的教学方法，注重使用小组讨论、头脑风暴、案例分析、模拟游戏等互动式教学方法。逐步实现了以知识传授为主向以能力培养为主、以教师为主向以学生为主、以讲授灌输为主向以体验参与为主的转变，调动了学生学习的积极性、主动性和创造性。北京大学已经探索形成了"课堂思辨＋网络互动＋大赛训练＋创业实践"的4G创新创业教育方法。同时，积极拓展与国外一流大学之间的创业国际交流项目。目前较为成熟的是与东京大学的合作项目，每年为学生提供一两次与当地创业者、企业家、投资者交流探讨的机会。黑龙江大学在创新创业教育课程中注重实践教学，采用"课程实践＋校内实习＋校外实训"的教学模式，并注重应用小组讨论、头脑风暴、案例分析、模拟游戏、实践参与、破冰教学等多样的互动式教学方法，教师在实践中积累了丰富的教学经验。

二、以多元化实践平台拓展实践教学渠道

各高校充分整合校内外资源，依托各类创业训练营、创业社团，以大学生创新创业实验室、科技园、创业园、孵化器等为阵地，组织开展灵活多样的创业讲座、创业训练、创业模拟、创业大赛等活动，并开展了学习参观、市场调查、项目设计、成果转化、企业创办等创

业实践活动，拓展了实践教学渠道，是对第一课堂的有益补充，实现了理论与实践的有效结合。

（一）创业模拟平台

部分高校积极探索"慕课"教学形式，计划建设创新创业综合信息自助平台，由学生根据兴趣选择学习。例如，北京交通大学在理论与实践相结合的基础上，积极探索"慕课"的教学形式，计划建设创新创业综合信息自助平台，由学生根据自身兴趣自主选择。还有些高校建设大学生创新创业模拟实验室，通过网络虚拟系统为学生提供虚拟创业训练。大连理工大学创新创业学院建立了全开放的创新创业实验室，面向低年级学生开放机电基础、软件基础、数模基础、ACM、多媒体技术、创新教育、创业教育等综合实验室，面向高年级学生开放机器人、智能车、物联网、传感器与人机交互、无线通信技术、数据库技术、嵌入式软件、数学模型、智能模型、复杂网络模型、创业孵化园等研究室，这些创新创业实验室为学生在实践中培养发现问题的意识、提高学习能力、动手能力、解决问题的能力搭建了平台，提供了保障。

（二）创业实训平台

对于部分高校来说，除了开设广谱式的创新创业课程，创建"创业训练营"对学生进行精英式培养，已成为创业教育的另一途径。"创业训练营"开设了专门的创业课程，对学生进行专项训练，对选拔的学员进行有针对性的培训，以满足创业项目在不同成长阶段的需求，并且可以优先使用丰富的社会资源进行项目孵化和对接等。创业训练营已成为激发学生创业积极性、增加学生创业知识、提升学生创业技能的有效途径。南京财经大学自 2002 年起，在工商管理学院创建了"创业教育试点班"，学校划拨专项经费，通过自愿报名、面试选拔的形式，从工商管理相关专业大二学年以上学生中，选拔一批具有潜质的优秀学生进行专门的创业人才培养。西安电子科技大学创业教育班的成员来自全校各个专业，已有 100 人左右的规模，学校请校外创办公司的人来授课，组织学生对案例、相关影视资料进行讨论。上海交通大学联合深圳证券交易所，每年举办为期三个月的创业训练，满足创业项目在不同成长阶段的不同需求，同时组织学生参加国内外各类创业设计大赛，以赛代训，开阔学生视野，启迪学生思路。

（三）创业活动平台

创业活动是创业教育的重要组成部分。高校依托第二课堂开展的创业类竞赛、创业沙龙等创业活动已经成为大学生提升创新意识和提高创业能力的主要渠道。开展创业计划竞赛是开展创业教育的主要实践方式之一，并且受到许多高校推崇和学生欢迎的学业实践方式。通过创业实践竞赛，学生可以参与到一个更高的层次、更广的领域，这就拓宽了学生的视野，使他们在走出校门前感受社会的竞争，激发其创新创业意识。此外，许多竞赛还提供资金支持，为学生提供了一系列后续发展机会。如东北大学根据"以赛促训"原则，以学院为单位平台，承办各种科技竞赛，组织引导各专业的学生如数学建模、电子设计、智能汽车、机械设计等专业同学通过强化竞赛指导与培训，积极参与省级、国家级、世界级的各种类型的创新创业大赛，并尽量使建立的竞赛平台机制在不断完善后，让学生在竞赛中获得的经验运用到今后的创新创业中。

三、以"小班教学"模式改进班级设置

传统的"大班教学"，强调培养学生的共性而忽视了学生的个性。对于具有实践性特征的创业教育而言，不能适应其快速发展的需要，必须对教学组织形式进行改革，以达到最佳的教学效果。"小班教学"是最理想的教学方式，通过小班教学，减少学生数量，将教育重心由教师主体转向学生主体，提升学生在班级中的主体地位。人数的减少让教师在充足的时空条件下发现学生各方面的素质，学生的个性特征得到充分释放。例如，清华大学根据小班教学的需要，改造教学楼，并采取自由教学的形式，突破传统的以教师讲授为主的教学模式。南京大学则采取小班上课的方式，打破年级限制，所有课程都是开放式

的，不体现专业性，教学方式比较多元，研讨、讲授、体验等方法都曾涉及。

四、以"等级制"取代百分制，改进考核方式

教育教学改革具有复杂性、多维性，因此，建立更加凸显个性化、人性化的多元评价体系，进而提高教育的内在价值和质量，对于高校来说更为重要。学校鼓励学生弱化对学分成绩的追求，在课程的选择上着眼于对自身发展真正有益的能力、素质和知识。清华大学在学生考核方面则以等级评价制取代百分制，以 A、B、C、D 四个等级对学生进行学习效果的划分。自新的教育评价体系的形成运用开始，全国各大学的学生都可在申请选修课时运用此种课程评价体系，具体评价操作为获得 A 和 A⁻ 的人数有严格要求，不得超过该选修科目研读的学生总人数的20%，而获得 D⁻ 的人数则不再要求。同科目的任课老师可自行选择课程评价标准，记录学生的学科成绩并录入最后的教务系统。同时，学校的电子系统的更新同步，如果老师的评分标准选择了百分制，那么评分系统也会根据相应的规则，将百分制转换成新的等级制的评价体系，结合学校提供的参考标准，将评价的标准权利完全交给学院和导师，由他们依据教学目标来设计等级评价细节，最后由学校职责部门监督执行。

第四章　国外大学生创新创业教育的典型范例与新启示

第一节　新加坡大学生创新创业教育

新加坡国土资源有限，通过人才优势拉动国家经济是它的立国之本。新加坡是亚太地区创新创业教育起步较早的国家，通过明确的国家层面的战略引领、政策支持来促进创新创业教育，高度强调创新创业教育的国际化和全覆盖，以"打造市场化产业链"的理念，强调创新创业与商业的融合，最终达到提升国民综合素质、促进经济发展的目的。

一、创新创业教育发展演变

作为亚洲"四小龙"之一，新加坡的经济腾飞，一定程度上得益于其卓越的创新创业教育，新加坡的高校不断为社会输送人才，大量初创型企业在高校中诞生，使得新加坡的经济发展富有活力。新加坡的创新创业教育发展经历了三个阶段，分别为萌芽阶段、起步发展阶段和逐渐完善阶段。在新加坡建国初期，政府为了使经济快速发展起来，开始在高校内鼓励学生创新并将一些青年人送往国外学习新知识。随后，由于新加坡经济顺利腾飞，政府并没有重视创新创业教育，但随着1997年金融海啸的来袭，政府逐渐意识到高校学生创新创业的重要性，开始在高校内鼓励并扶持创新创业。在此之后，新加坡高校的创新创业教育进入一个较快的发展阶段，新加坡独特的创新创业教育模式也在这一阶段得到逐步完善。

1965年新加坡刚刚独立时，新加坡政府制定了通过工业化来带动新加坡发展的战略。为了配合这一战略，最初新加坡境内创新创业教育发展的目的是较为功利化的。新加坡创新创业教育在萌芽阶段强调"职业化"，人才培养的主要目的是拉动国家经济迅速起飞，通过经济的发展使刚刚独立的国家迅速发展起来。在这个阶段，新加坡提出了"发展实用教育以配合工业化和经济发展的需要"这一指导思想，后来还提出了"教育必须配合经济发展"的方针。为了达到这一目的，新加坡在20世纪70年代开始开拓海外渠道，将国家的青年人送往发达国家进行培训与实习，培训与实习也十分强调实用性，通过海外的创新创业教育理念将青年人培养成国家需要的人才。

20世纪90年代初期，新加坡经济发展迅速，并很快实现了全球化，此时新加坡的经济是典型的外向型经济。1997年金融海啸来袭后，外资大量撤出新加坡，外向型经济的弊端一览无遗，这时政府充分意识到在国内发展创新创业教育的必要性，并将创新创业教育发展为国家人才培养战略中的一个重要部分。这是新加坡创新创业教育发展历程上的一个明显转折点，在这以后，由于政府的鼓励，新加坡高校开始高度重视创新创业教育。

在亚洲金融海啸后，新加坡的创新创业教育进入了逐渐完善的阶段，其创新创业教育呈现出高校逐渐由研究型转变为创业型、全覆盖至中小学等两个突出特点。一是新加坡在创新创业教育领域有相对完善的理论体系，与海外著名高校广泛合作，十分强调创新创业的可行性，并提出了"打造市场化产业链"的理念，强调创新创业与商业的融合，高校与政府合作，在校园内打造创业生态圈；二是新加坡政府认为创新创业的精神要从小培养，在中小学就开设创新创业教育课程，创新创业教育对象从大学生逐渐扩大至中学生甚至小学生。

二、创新创业教育理念与目标

从新加坡创新创业教育发展的历史来看，新加坡政府对创新创业教育的态度随着新加坡经济发展的变化而变化，但核心始终是以促进经济发展为导向。新加坡创新创业教育发展的不同阶段呈现出不同的特点，经历了由最初的"发展实用教育以配合工业化和经济发展的需要"和"教育必须配合经济发展"的功利化发展阶段，到亚洲金融海啸开始"将创新创业教育发展为国家人才培养战略中的一个重要部分",再到现在的"打造市场化产业链"的理念,强调创新创业与商业的融合,高校与政府合作,在校园内打造创业生态圈。新加坡创新创业教育的现阶段目标总结起来就是通过教育带动创新创业,打造创业生态圈,带动国家经济发展。

三、创新创业教育组织模式

自 1997 年的亚洲金融海啸后,创新创业教育受到了新加坡政府的高度重视,经过十多年的摸索与经验的总结,新加坡逐渐形成了一套适应本国发展并且较为全面的创新创业教育体系。在政府的大力支持下,创新创业课程覆盖至小学,高校开始由学术型转向创新创业型,尤其在打造创新创业生态圈方面成效非常显著。

(1)政府提供充足的资金支持与政策扶持。新加坡经济发展局每年向创新创业者提供大于 20 亿新币(约 96.5 亿元人民币)的资金扶持创新创业,对人口数量不足 540 万人的新加坡来说力度是比较大的。创新创业者都有较大机会从政府获得一定的资金支持。

此外,新加坡经济发展局为了推动新加坡创新创业的发展,推出了多项优惠政策鼓励人们加入创新创业的行列中。例如通过初创企业发展计划帮助初创型企业更快、更准确地寻找到融资者;通过税收优惠政策免除新成立的企业应缴纳的税费,减轻其在初创期的经济负担,使其有更大的现金流来维持运作和有更高的所有者权益来吸引投资者目光;通过科技型企业咨询计划,让成功的创业者与管理者和创新创业者进行分享,为他们提供大量宝贵的经验与建议。

(2)高校逐渐由学术型转向创业型。在新加坡的创新创业教育进入逐步完善阶段后,新加坡境内的多所高校开始由学术型高校向创新创业型高校转变。

以新加坡国立大学为例。2000 年,时任副校长的 Shih Choon fong 对新加坡国立大学在 21 世纪的发展制定了新的战略,提出了要进入国际知识企业队伍的目标。在提出这个目标后,新加坡国立大学开办了 NUS Enterprise 这一组织,这个组织主要为创业者提供参观体验、合作网络与创业扶持等方面的支持。例如其下属的 NUS Venture Support 新加坡国立大学创业扶持部门不仅向其在校学生提供创业方面的帮助，其受惠人群还覆盖至新加坡国立大学的校友。为了向创新创业者提供更为专业的帮助，新加坡国立大学还针对具体的创新创业问题组建研究小组，小组成员有着不同的专业背景，这使得小组在研究问题时能够更加全面、更加现实，当问题被解决后，小组就会解散，组员可以就新的实践问题与其他人员组成新的小组。

（3）成功打造创新创业生态圈。新加坡政府与新加坡高校鼓励高校师生将所学的专业知识与实际结合，并通过自身的创新进行创业，再把知识、创新与商业结合起来，打造技术产业链。这些创新型的企业往往有着很大的发展潜力，并且不少还能够推动整个产业的发展。

新加坡各高校在打造创新创业生态圈方面有着很大的成效。以新加坡国立大学的创新创业中心为例，在 1997 年亚洲金融海啸前，它只成功扶持了 9 所企业，但在 1998 年到 2001 年短短的 4 年间，它平均每年扶持 10 家企业，根据 2003 年到 2005 年的数据，这 3 年间它每年扶持的企业数又翻了一番。新加坡国立大学创新创业中心在短短数十年间迅速发展，并成功将校园打造成企业的孵化场所，在校园内部构建创业生态圈。

（4）覆盖至小学的创新创业教育课程。新加坡在小学阶段就开设了创新创业教育课程。由于小学生并没有掌握足够的专业知识，对创新创业的认识也模糊不清，因此小学阶段的创新创业教育课程的主要目的在于让学生对创新创业有一个感性的认识与初步的了解。例如许多小学都会通过"模拟股份"这一课题让学生在游戏当中对商业、经济、企业等概念形成初步的认知，并培养他们对创业的兴趣。进入中学后，与创新创业有关的课程会向学生传授企业运作、企业管理方面的知识，加深学生对企业的认知。进入大学后，学生有了专攻的学习方向，对某一领域的知识有了较为专业、全面的认识。这时，他们可以在学校创业中心的帮助下对具体的企业参观，了解该企业的真实运作，也可以在创业中心的扶持下，结合自己原有的专业进行创业创新。有的学校，例如南洋理工大学，还为学生开设了科技创业硕士学位等有关创新创业的课程与学位。

四、创新创业教育实践模式

蓬勃发展于亚洲金融海啸之后的新加坡创新创业教育，始终是以其经济发展为中心的，其课程体系、师资配备、创新创业生态圈的建设等无不体现出"发展实用教育以配合工业化和经济发展的需要"的指导思想和"教育必须配合经济发展"的方针。而作为一个人口、资源缺乏的国家，国际化办学是新加坡创新创业教育的必然选择。

（1）高度国际化的创新创业教育课程体系。新加坡高校将创新创业教育与学生的专业课程相结合。在课程设计方面，新加坡高校将课程内容与商科知识相结合，在教授学生专业知识的同时向其灌输商业思维，在潜移默化中将学生培养成合格的创新创业者。新加坡高校大多采用学分制，学生在选课时可以根据自己的爱好及未来的发展方向跨专业进行选课，学校也专门为学生开办了创新创业的培训供学生选择。有的学校还专门设立了与创业有关的学位，例如南洋理工大学在2006年开设了科技创业硕士学位，这个学位是由一个2001年开设的研究生课程发展而来的，因而，新加坡的创新创业教育在短短数年间迅速地与学生的专业课程实现了有机的融合。

新加坡的高校还十分重视对学生创新创业意识的激发与学生创新创业能力的培养。新加坡国立大学通过为学生提供大量的实习机会，让学生对创业有更深的体会。根据新加坡国立大学的 NOC 计划，该校的优秀学生每年都有机会在海外初创企业进行 3 个月至 1 年的实习，在实习期间，这些学生可以到该地新加坡国立大学的合作院校完成课程的修读。学校为了激发学生的创新创业热情还在校内策划比赛，较为出名的有新加坡国立大学的 Start-Up@ Singaporer。这个比赛起源于1999 年，至今已经促成了超过 60 个初创企业的诞生。

（2）高度国际化的创新创业教育师资队伍。教师的素质对于创新创业教育至关重要。新加坡的土地面积是 719.1 平方千米，人口数量较少，截至 2016 年 11 月，常住总人口仅为 553.5 万人，在其境内寻找优秀的高校教师并不容易。新加坡的高校放眼世界，在全球范围内寻找创新进取或有着丰富实践经验的优秀教师。以新加坡国立大学为例，1997 年该校外籍教师人数为 552 人，占该校教师人数的 39%；外籍研究人员 591 人，占该校外籍研究人员的 70.1%。到了 2005 年该校外籍教师人数为 916 人，占该校教师人数的 51.9%；外籍研究人员 855 人，占该校外籍研究人员的 78.7%。①

新加坡高校在搜寻优秀教师方面付出了极大的努力，为了吸引优秀的教师，增强学校创新创业教育实力，新加坡高校不仅花费重金在全球范围内聘请合适的教师，还派专人在美国、欧洲等地区挖掘搜寻在创新创业方面有着丰富经验的人才，南洋理工大学甚至提出"把海外优秀人才空运到新加坡"的建议法。

第三，高度国际化的创新创业教育协同育人机制。

新加坡各高校都在校园内部建立了创新创业中心，联系企业为在校师生提供参观、交流是创新创业中心的一项主要工作。掌握着专业知识的师生可以通过创新创业中心将专业知识发挥到极致，他们可以通过创新创业中心提供的参观机会了解到企业的真实运作，还可以通过自主创业来实现自己的创新理念，把自己的理念与商业模式相结合。由于创新创业中心与许多企业都建立了合作关系，创业的师生可以通过这个平台拓宽自己在社会上募集资金的渠道，让启动资金不足的师生有机会实现创业梦想。

创新创业中心也与新加坡经济发展局有着合作关系。新加坡经济发展局十分重视创新创业教育，创新创业者也可以通过学校的创新创业中心这个平台获得新加坡经济发展商的关注与扶持。此外，新加坡高校还非常国际化。

第二节　美国大学生创新创业教育

美国是世界上最早进行创新创业教育课程的国家，也是创新创业

---

① 吕杰. 从南洋理工大学看新加坡高校教师聘任制 [J]. 高教论坛，2017（2）.

成果最为突出的国家。美国政府非常重视创新，将创新提到国家战略的高度，也在政府政策方面给予很多支持。美国的高校在创新创业教育的课程体系、师资建设、成果转化机制方面已经非常完善，诞生了诸如惠普、思科等一系列全球顶尖的科技公司。美国的创新创业做法为其他国家提供了可供借鉴的经验。

一、创新创业教育发展历史

在创新创业教育理论的探究和运用方面，美国已有 70 多个年头，走在了多国前面，可以说是创新创业教育创始国。1947 年，美国哈佛商学院的 Myles Mace 教授率先创立了这一标志性课程："新创企业管理"。该课程深得创业者、学子们的青睐。美国有今日如此高的评价，源于其高校自 80 年代起就为创业教育课程体系的建立而坚持不懈地努力着。例如：1968 年由美国百森商学院率先在本科教育中另辟蹊径设立有关创业目标及倾向的课程。再如，南加州大学于 1971 年开始颁发创业学硕士学位证书。令人欣慰的是两千两百多门有关创业的课程截至 2005 年被美国一千六百多所学府院校所设立，同时创业教育方面的学术刊物也由之前的单一化种类扩充到四十多种，创业教育研发中心更是增加到一百多所。

除了高校创新创业教育课程体系的发展与建立，美国创新创业的机制建设也逐步完善，如"大量的孵化器和科技园、风险投资机构、创新创业培训中心、创业者校友联合会等外部联系网络等"，这些机制为大学创新成果转化为商业产品铺就了一条更加便捷的道路，使美国的大学成为不少全球顶尖科技公司的诞生地。

美国创新创业教育能够在半个多世纪以来逐渐兴起并取得重大效果，有一定的背景因素。一是"二战"结束后政府需要解决大量的退伍军人的就业问题。二是美国经济自 20 世纪 70 年代以来开始稳步放慢发展步伐，相对而言，大型企业需要的劳动力就会减少，而针对中小企业却是提供了发展的肥沃土壤。麻省理工学院的大卫·伯戍（David Birch）1979 年在他的论文《工作创造过程》（The Job Creation Process）中表明大型企业已经不是经济支柱和新就业机会提供者。他的结论是："从 1969 年到 1976 年，大量的新成长的中小企业创造了美国经济中 81.5% 的新就业机会。1980 年以后，美国超过 95% 的财富都是由大变革中的创业一代创造的，其中最著名的代表人物是微软公司的比尔·盖茨。"①

二、创新创业教育理念与目标

美国高校目前广泛接受的创新创业教育理念与目标是培养学生创业精神和创业能力。美国高校创业教育初期开展的原因之一是解决"二战"后退伍军人的就业问题。经过近 70 年的探索与发展，创新创业教育的理念和目标经历了从功利性走向非功利性的转变。20 世纪六七十年代，美国创新创业教育着眼于"企业家速成"，即帮助学生在校期间就能创办公司，成为像比尔·盖茨一样的创业企业家，具有很强的功利性。进入 20 世纪 80 年代，随着西方世界经济增幅的放缓，客观上需要更多高质量的人才，美国高校的创新创业教育从功利性逐步走向非功利性。百森商学院的杰出教师杰弗里·蒂蒙斯认为创新创业教育既不是以解决生存问题为目的，也不是一种企业家速成教育，而是应该为未来的几代人设定"创业遗传代码"，顺应创业革命的大潮流，缔造创业的一代。他的观点一定程度上代表了美国高校的创新创业教育理念与目标。

三、创新创业教育的实践模式

美国创新创业教育积累了丰富的实践经验，其中课程体系建设日趋完善，覆盖面广，同时在师资队伍的选拔、培训、考核、管理等方面形成了具有开创性的做法。

（1）系统化的创新创业教育课程。美国高校创新创业教育自成体系，拥有一整套完备、有条理的教学规划和课程架构。在美国高校，课程的类型取决于课程目标之间的差异。具体包含：激勉学生创业意识的课程、传授学生创业基础理论的课程以及实战演练创业的精选课

---

① 向东春，肖云龙. 美国百森创业教育的特点与启示 [J]. 现代大学教育，
　 2003（2）.

程等。考虑到授课标的之间的差异，美国高校调整了课程的灵活性，提供本科生、研究生和博士等不同层次的课程供学生自由选择。根据数据显示，美国在院校中已经通过选修、必修方式将创业这门学科作为辅修、专修或学系形式创立。在大学本科中有37%开设创业课程，有23.7%在研究生教育中开设创业课程，有38.7%既在本科开设创业课程又在研究生教育中开设创业课程，而且还不止一门。课程一般分为理论和实践两部分。理论部分主要以掌握基础知识为主，了解创业、知晓如何创业以及创业的目的。实践部分即为运用理论阶段，将所掌握的理论知识与实践相结合并加以处理，最终以计划书、参与比赛等形式呈现出来。美国高校创业教育最终要达到的目的是"活在创业精神"中，即凭借对不同类型课程的全方位设定和布局，实现课程的指向性和时效性，为学生营造一个全面、良好的创业教育环境。

（2）注重创新创业教育师资队伍建设。美国高校创新创业教师资质队伍组建注重理论与实践相结合，要求教师既有一定的创业理论知识，也要有一定的创业经验。既通过创立创业学相关的课程和引进创业相关的博士项目潜心培育拥有专业知识储备的专职教师后备队伍。再者侧重于吸纳资深教师、民企领导者在担任教学兼职和研究时所积累的丰富创业实践经验。美国众多高校采取政策督促和赞助活动等方式加强创业课程教师专业知识和实践能力的掌握以及与企业界之间的紧密联系。

斯坦福大学在这方面做得相当不错。借助得天独厚的地理位置优势，邀请到具有高水平实战经验、参与众多创业挑战同时还是最出色的企业经营者莅临学校进行短期授课、参与有关创业的研究和讨论，以期推动创业教育项目迈上更高阶层。

美国将培训教师视为创业教育的核心环节。例如，美国的考夫曼基金会每年都会与高校协作推出培养创造性和创新性新时代创业老师的"创业教育者终身学习计划"；百森商学院每年也会举办建构国际性的创业教育教师及培训框架等的普瑞斯—百森伙伴项目；同时众多高校还设立鼓励机制，激发教师们主动积极参与创业模拟操作及进行创业。通过这一整套创业教育教师资格培训项目确实储备了大批量高水准、先进化的创业学教师。

美国将创新创业教育引入教师聘用与晋升、入职培训、奖励制度、教师管理等各个方面。部分高校也开始转变教师聘用和晋升方面的素质要求，不再一味地看重教师的学术爱好和能力，更加注重的是教师是否能将所研究知识与商业范畴、所从事的行业联系起来，形成创业创新学科一体化。例如，弗吉尼亚大学医学院（UVA's School of Medicine）于2010年开了一个好头，即将创新创业活动作为教师晋升和荣获终身教职标准的一个基本标准，并且申请晋升或参与终身教职的参选人需要提供相关证明材料。比如，是否申请过发明专利或者申请后的版权证明材料、技术许可证等类似相关的创新技术转化的活动。

对于刚入职的教师，学校会为他们安排特定的专业培训，具体针对入职指导、职业规划导向、创业模型发展、商业计划和市场预测等。以期他们在未来的创业、职业道路上一帆风顺。比如，创办一些鼓励师生进行创新、创业、转化科研成果的课程。亲身经历创业和创新发展的每个过程，从思维发散到最终知识的转化确认，再到与市场调研研究建立紧密联系战略。美国匹兹堡大学（the Universiity of Pittsburg）的技术管理办公室（The Office of Technology Management）和教务长办公室（the Office of the Provost）即创建了这样的一整套课程。

在此基础之上，为了激励和奖励教师在创新创业教育活动中获得的卓越表现，各大高校相继推出类似于"年度创新奖"（Innovator of the Year）和"年度教师企业家"（Faculty Entrepreneur of the Year）这样的奖项、制度手段作为嘉奖和鞭策。譬如，南加州大学（University of Southern California）的劳埃德·格雷夫创业研究中心（the Lloyd Greif Center for Entrepreneurial Studies）就通过这种颁发"年度教师研究奖"（Annual Faculty Research Awards）的嘉奖方式激励教师们持续不断地进行创业创新。另外该中心另辟蹊径针对不同的分类设置不同的奖项。如给创新思维活跃大胆的教师颁发了"年度格雷夫研究影响奖"（the Annual Greif Research Impact Award）。虽然这只是一个小小的奖项，但是对夙兴夜寐工作的教师来讲是莫大的肯定和褒奖，肯定了他们的研究计划以及教学成果。

此外，为了更好地开发教师的创新思维，高校已经开始对教师的时间设置为弹性制。像弗吉尼亚大学、匹兹堡大学、南加州大学这样的顶尖研究型大学，他们的教师更是有足够长的学术假，去促进他们与企业的协作共享，实现创新创业，这一行为非但不会成为他们晋升和获得职称的阻碍，反而会为他们提供各种资源以供他们参考和学习，更好研究出成型和具有商业潜力的技术。

第三节　德国大学生创新创业教育

德国能取得令人瞩目的创新创业成效，关键在于德国高校把创新创业实践、研究与教学有机地融合成一个整体进行推进和实施。德国政府认为创新创业与教育是国民经济水平提高和企业快速发展过程中密不可分的两部分。作为一个原材料缺乏的国家，德国的经济能持续保持欧洲第一和世界第四的位置，很大程度上是得益于完备的创新创业教育生态制度方面别具一格的亮点。

一、创新创业教育发展历史

德国高等教育是典型的西欧发达国家的传统教育模式，具有明显的社会化和市场化特点。德国政府、学校和社会重视大学生创新创业教育工作，主动参与毕业生的创新创业教育指导，为创新创业提供资金、政策等方面的保障，还营造良好的创新创业环境，把创新创业教育视为就业工作的"前驱动"。

（1）构建研究和教育基础框架为营造良好的创新创业环境打下坚实基础。

德国于1978年成立创新创业文献数据库（ELIDA），其资料超过22000种，并出版以创新创业专题为主的系列刊物；从20世纪70年代开始，在大学建立创新创业教育的教授席位制度，形成了以社会科学、自然科学和人文科学为基础并具有各高校特色的创新创业研究和教育体系。

（2）链接高校与社会创新力量为创新创业实践的实现提供强有力的支持。

首先，政府和社会各界所提供的创新实践平台为高校创新创业教育的实现提供了不可或缺的基础，如西门子、大众等公司开展的创意大赛，从公司研究课题到社会公益创新创业等方面激发高校大学生的创新创业热情，并为学生提供教学与实践相结合的平台，有利于学生更好地了解和关注社会形势及技术创新前沿动态。其次，政府和社会各界在资金政策上给予了高校创新创业资金的保障，如政府在1999—2001年间投入4200万马克支持高校创新创业教育并支持各大高校成立创新创业基金，创办创新公司；2000年后，较多大学在地区相关创新技术公司、银行以及政府部门的合作下创立公司的模式促进了高校创新创业教育的发展，形成"产—学—研"的良性生态圈。

（3）政府、高校和企业共同营造良好的创新创业教育文化氛围。

在政府、高校和企业的相互作用下，在德国的创新创业活动中，创新创业者受到了共同价值观的相互影响，更多的人勇于参加创新创业实践，促进了创新创业和经济的发展。同时，由此形成的社会赞许性，进一步促进具备创新创业理念和价值观的创新创业者获得成功。政府在创新创业教育中扮演政策支持、资金保障、资源共享的后勤工作者角色。而高校则是在整个过程中担任着人才培育和项目孵化的关键角色，承载着政府期望和发挥着企业新鲜血液输送的纽带作用，切实培养学生的实践活动能力，营造了创新创业教育的浓厚氛围。

（4）结合教育与创新发展主体，培育可持续发展的生态体系。

德国政府强调将关联性创新主体如高校、研究所、初创企业、大企业和孵化器等集聚起来，依靠创新能力指标进行评估，开展多样化的技术教育以及建立具有广泛渗透性的教育系统，培育有竞争力的行业上下游链条和可持续的生态体系。

二、创新创业教育理念与目标

创新创业精神是德国创新创业教育率先提议的中枢范畴。德国高校在学校战略人才培养规划中渗入创新创业教育，注重学子们的整体素养培育，为提高学子们的创新创业意识、精神和能力而做着不懈努力，也为德国经济的长久进步提供人才智力支撑。从整体而言，德国的创新创业教育重在培养学生的独立性文化；培养学生的商业头脑和创新创业者品质；从科学研究成果到经济价值的持续转化，促进高科技创新发展，提升经济竞争力；创新性创业数量明显增长，创造新的就业岗位，解决生存问题；优化创新创业环境，提升经济活力。

三、创新创业教育实践模式

德国通过多元的创新创业课程体系、多方联动寻求校企合作、建立扶持实践平台、持续改革创新创业教育培养体系等实践模式，极大地提升了创新创业教育系统的时效性。

（一）多元化的创新创业教育课程体系

创新创业教育重在实践能力和思维创新能力的培养与挖掘，因此，形成多元化的课程体系是德国创新创业教育中的一大亮点。

（1）高校"课程—中心—竞赛"全程辅导模式。在德国高校的研究实验室中常常蕴藏着一些创新想法，然而，科学家通常很难完全评估这些创新想法蕴藏的商业潜力。针对这一问题，德国创新创业教育课程会针对评估项目的商业潜力及创意程度进行研讨。例如，慕尼黑大学从企业管理学专业中挑选学生与创新创业者进行密切合作，仔细查验其经营理念是否具有商业潜力，并以项目建议书的形式具体地拟出实施建议。在这一过程中教师则需要给创新创业学生上必要的课程，并予以尽心的指导。如果能证明这个创新创业想法是可行的，该高校的创新创业中心将进一步完善他们的商业计划书，一方面，在创新创业课程上提出商业规划的基本内容；另一方面，学生团队需要制订具体的基础计划，并撰写一份可行可盈利的商业计划书，参加德国商业规划竞赛。

通过创新创业教育课程、创新创业中心、德国商业规划竞赛等系列创新创业支持服务，创新创业者在公司发展的早期阶段会获得明显的优势。这不仅对创新创业者是一种鼓励，而且学生还可以把学校传授的内容直接应用到实际的案例中，受益无穷。

（2）"专业＋创新创业"培养模式，实现创新创业教育革新。德国创新创业教育的特点之一是其内在的跨学科性。创新创业需要一种整体的教育，既能跨学科，又能把不同学科整合起来。创新创业教育的首要目标不仅仅是让学生找到解决单一问题的最佳方案，而更多的是使学生全面地了解这种复杂的构成体——公司。站在创新创业者的实际立场考虑，单学科的知识和技能（如仅仅掌握人事管理或会计）是远远不够的。因此，创新创业教育的首要目标是脱离专一化并转向整体化。比如，在基础管理和早期发展管理阶段，必须考虑到经济和科技学科的融合。这种跨学科整合能使创新创业教育实现革新，同时也能测试全新教学方式的可行性与成效性。同样，对公司的建立和发展来说，单一的职权功能彼此孤立是不可行的。不同职权功能需相互依赖、相互作用，形成整体结构，促进公司的生存和发展。

（3）"兴趣＋行动"导向模式，提升创新创业教育实效性。德国创新创业教育能实现以学生的兴趣为主导的专业化。换言之，学生的学习不受外界要求的束缚，而更多地根据自己的兴趣选择喜欢的专业教育。个性和自主性与创新创业教育相结合，不仅具有较好的可操作性，更具有创新创业教育框架所要求的行动导向性，行动导向性有利于个性化的学习。以行动为导向的教学具有综合性和反射性学习的特点，因此全面的创新创业教育必须有合理详细的教学安排，使学生在各领域具备这种专业的行动能力。专业的行动能力可以理解为创新创业教育赋予人们一种能力，既能使其深入了解职业环境的复杂性，也能调动各种资源完成目标。

从以上培养模式可以看出，德国创新创业教育打破了传统的教师与学生的角色，表现为教师的作用主要是解答疑惑，提出问题，提供必要的学习资源，提高学生解决问题的能力，培养学生的论证和决策能力；而学生的角色则定位于主动、积极和探索。创新创业教育的对象和教育形式要求学生自主行动，制定并公开展示解决方案，表达自己的建议或独立见解，从而促进学生在各领域具备一定的专业素养及能力，使自己的个性得到全面发展。

（二）多方联动合作的孵化实践

（1）校企"产—学—研"合作模式。德国高校和企业的合作，这一开放性的改革给企业带来了新的机遇，也让高校通过和企业外部的交流获得全新的认知和提升，这样的合作对双方来说是一种共赢。一方面，德国企业能通过高校的研究改进产品、研发新产品、开发新功能；另一方面，高校学生可以在学校导师的帮助下，参与实际研究和商业发展项目中，个人专业素养得到充分的锻炼和教育。例如，德国乌尔姆大学和戴姆勒公司进一步建立了合作关系。在与科研机构合作方面有着丰富经验的戴姆勒公司在乌尔姆大学建立"车辆环境感知研究院"，将双方在车辆环境检测领域的研究专长结合到一起。一方面，新研究所给高素质的年轻科学家和学生提供了实践专业知识的机会；另一方面，企业里经验丰富的汽车开发人员，也能与师生一同构思新的环境检测系统，这使来自学术界和商业界的研究人员并肩工作成为可能。

（2）"中心＋孵化器"扶持模式，搭建创新创业教育实践平台。由德国高校创立的创新创业中心对高校学生的创新创业提供了巨大的辅助作用，促进了丰富多彩的创新创业文化的形成。奥登堡大学是德国高校创新创业中心的成功实践典例，该校是德国六所较好的创新创业型大学之一，在2011年还受到德国联邦经济部EXIST竞赛项目的表彰。奥登堡大学在校内建立了创新创业中心并提供初级教授席位，这一措施能提高创新创业者的创新创业文化修养，培养独立人格，并使得创新创业中心的影响向周边地区辐射，从而带动发展。创新创业中心的服务对象为在校大学生、在职人员、科学家和应届毕业生，也特别欢迎有创新创业的精神者加入。创新创业中心主要开展创新创业咨询服务，还协助创新创业者发现潜在的商机，将他们的创新概念、技术、研究成果等投入到实际生产或服务中。所以，任何有创新创业想法或者创新创业项目的人都可以在这里得到专业且行之有效的帮助。

德国创新创业孵化器是推动创新创业发展的一块重要基石。创新创业孵化器最重要的功能是促进创新、创业和高新技术的转化，为创新创业者和创新创业团队提供技能、知识和其他必要的资源，推动创新企业的发展。德国孵化器发展呈现出欣欣向荣的局面，极大地提高了新生企业的成活率和向成功企业迈进的概率，创造了活跃的创新创业气氛。例如，彼勒费尔德大学的创新创业孵化器，德国联邦政府出资1180万欧元来推动这个总净值3000万欧元的昂贵项目。该孵化器包括四个分区和一个中央接待区，共四层楼。整个孵化器计划于2018年的春季完成，到时将有第一个技术型初创企业进驻彼勒费尔德大学的创新创业孵化器。该创新创业孵化器主要的目标客户是初创企业和年轻公司，孵化重心放在智能技术系统、分子科技和纳米科技等技术领域，因为这些都是各个大学和高等专科学校的重点学科。这些刚发展的公司在创立之初便可以租借办公室、实验室、会议室和工作室，用于商业洽谈和会议商讨。正是在这个孵化器的作用下，一个个指导项目正在步入正轨，发展壮大，培养了一批高素质的年轻人，创造了新的就业岗位，并给他们提供在城市安家立业的机会。

从德国的创新创业发展历程总结，其教育发展能取得较好的成效经历了三个阶段：首先，建立创新创业教育研究的框架体系，为政府、企业和高校联动开展指明了方向；其次，通过将研究机构和社会力量的结合，促进"产—学—研"三方共同体的合作，将创新发展融入教育当中；最后，通过政策的落实和创新创业文化的营造，将创新创业教育日常化。

第四节　日本大学生创新创业教育

众所周知，日本文化起源于中国，现代科技引自西欧，融中西所长，奠定了日本近现代文明的基础。从遣唐使、遣隋使的历史渊源来看，日本自古就是善于学习的国家，文字、语言、政体、经贸概莫能外，汲取国外营养，通过自我吸纳和创造，形成独特的岛国经济政治文化体系。日本的创新创业教育莫不如此，吸收了欧美的产学要素，又融入了日本的集团文化，使其"产官学"运作如同手足。

一、日本创新创业教育的发展历程

1. 探索阶段（20世纪60年代到70年代）

20世纪60年代，日本经济高速发展，对于高科技人才和高技能技术人员的需求急速增加。日本政府和高校意识到，对于工程师和科技人员的培养迫在眉睫。高校积极加强和各方企业的沟通，开展形式各异、内容丰富的产学合作研究与教育。进入70年代后，日本面临企业数量激增，国际竞争日趋激烈，人员数量和生产质量极其不相匹配的窘境。应势而为，日本高校专门为企业开设了相对应的课程。具体包括管理、经营、营销、帮助技术人员实现创业的课程以及针对企业人员设立的MBA、经营销售类的培训课程。虽然课程的阶层、范畴有一定的局限性和简易性，但是却开启了创新创业教育的挑战之旅。

2. 起步阶段（20世纪80年代到90年代）

企业发展方兴未艾，对创新人才的需求日益扩大。整个教育体系逐渐重视学生创新素质的养成和创新能力的培养。许多大学将职业规划教育的理念纳入学校教学、学生的学习和生活实践，积极和相关企业及社会机构合作，开展联合讲座、专业实践、实习等活动，培养学生的创新创业能力。这对培养学生的职业观念和工作能力有一定的帮助，奠定了日本创新创业教育的基本形态。

3. 完善阶段（2000年至今）

日本教育改革国民会议从教育体系角度正式提出了"创业家精神"的概念，希望将日本的民族文化融入创新创业教育和实践。这期间高校主要针对社会人士和在校学生分别开设课程，用以提高民众的创新潜力和创业技能，课程设定一般内容比较弹性，维持时间不长。比如，日本有30～50所高校开设专门针对社会人士、创业、造就专职人才的课程，早稻田大学设立的"傍晚集中讲座"就是一个典型例子。日本政府高度重视创新意识的培养和创业环境的打造，因为要走新路，就必须有自己的创造，并在人才培养上下功夫。日本政府高效调配社会各界的资源，将政府（文部科学省、经济产业省、地方公共团体、产业振兴团体）、受托或独立进行创新创业教育的组织（企业和非营利组织）及高校三者进行协同，充分利用各自优势，为创新创业教育创造环境和条件。

二、创新创业教育理念与目标

创新创业教育在日文中一般表述为"企业家教育"，也可翻译成"企业家教育"。文部省（相当于中国的教育部）将创新创业教育定义为通过对一定职业观念、勤劳观念以及职业相关的知识和技能的掌握，根据自己的个性，自主进行职业发展选择的能力态度教育。在日本教育界，新课程倡导的"职业教育"和"生命力教育"接近创新创业教育。教育界对创新创业教育的定义倾向于创业基本素养和存活技能。关于创新创业教育理念，日本最值得我们思考和学习。我们所讲的创新创业教育通常是培训，只是表面，较为肤浅。而日本着重强调的是精神滋养，即创业家精神、创业必备知识与技能的融会贯通，努力通过实践这本活教材去感受和学习知识，实现真正意义上的综合素质教育。

三、创新创业教育实践模式

日本的创新创业教育希望国民尤其是青年具有高度吸收东西方科技和文化的能力，充分发挥团体奋斗的精神，在各领域刻上"日本制造"。日本创业教育研究中心针对日本大学创业教育的模式提出了一个符合日本文化特色的基本框架，框架公式为：创业家诞生＝开发可能的创新创业素质（包括心理素质、非心理的智质和知识）＋通过成长的经历、家庭状况和教育树立企业家精神＋通过"产官学"的密切配合营造良好的创新创业外部环境（市场要素、企业要素、社会要素、政治法律要素、技术要素、创业家支援制度、税制等）。该框架作为培养创新创业人才的参照规范和要求在日本许多高校得到广泛应用。日本在法律法规、师资、课程等方面借鉴西方模式，同时加强联动，开创了系列课程，培养了具有丰富实战经验的讲师团队，并由政府主导，实施企业家培养计划。

（1）建立较完善的法规支持体系。

《1980年专利商标修正法》（英语版）是日本在1980年接受美国联邦政府的资金支援而促成的研究开发成果，同时也可以说是一项归属于大学的发明。此修正法促进了技术转移机构的设置以及推进了"产学"的合作。进入20世纪90年代，由于欧美国家严格的专利保护政策，日本经济逐渐失去了活力，所以，以"产官学"的合作与知识产权的应用为核心的经济振兴政策成为日本国策已是必然的趋势。20世纪90年代至21世纪前10年，日本相继制定了《科学技术基本法》《大学技术转移促进法》以及日本版的专利商标修正法（产业活力再生特别措施法第30条），受政府资金支援的研究开发项目中，所产生的专利等权利归属委托方成为可能。此外，日本还制定了国立大学法人法、新教育基本法。将研究成果归还社会，成为法律明文规定的大学使命。日本应用专利等知识产权推进"产学"合作，不仅在国内，也在世界范围内的知识竞争中突围，大步迈进了真正的"产官学"合作时代。

（2）培养灵活的创新创业教育师资队伍，建立了校内师资与校外师资相结合的"双师"制度。

日本政府出台文件鼓励国立大学的教授和研究院所的科研人员从授课主业中抽身，兼职从事技术开发或企业管理。部分教授和科研人员投身创新创业工作之中，所以承担创新创业课程授课任务的教师大部分拥有创业经验。这部分师资主要来自经济管理学院、理工科和创业教育专业部门，主要讲授市场管理、营销、经济相关课程的创新创业教育理论知识，侧重于为学生创新创业打下夯实的理论基础。此外，高校通过从校外聘请相关创业及管理企业家兼任授课教师，主要是风投专家、金融机构的专业人员、法律顾问、CEO、校友毕业生等，并开设知识产权、企业经营、技术经营等创业家培养相关课程，从实践的角度向学生传授创新创业知识。日本开启了一条培养既具有较强的理论功底又不乏丰富创业经验的"双师"之路，为快速提高创新创业教育水平提供了前提保障，同时形成了理论与实践相结合的教师培训体系。日本的创新创业教育师资队伍的培训弹性大，围绕教师理论和实践授课两方面展开，着重强调企业与学生之间的相互沟通、切磋。主要通过教员企业研修、企业参观讲座、讲师派遣调研的形式展开。教员企业研修的目的是增进讲师对所讲知识深入透彻了解；而企业参观讲座的形式是为了潜入企业进行创新创业的场所去参与实践，获得与企业面对面交流和学习的契机。教师充分把握培训机会，专心致志潜心学习企业实现创业的心路历程、经营模式、创业文化等，从而感悟出创业者所具备的素养，继而回馈给学生。由于平时授课任务艰巨，所以众多教师只能利用假期的空闲时间组建师资队伍。另外，学校之间教师的互相访谈、交流授课方法和手段也是提升创新创业教育师资队伍质量的最佳途径。

（3）开展丰富的创新创业教育课程及讲座。

日本高校中试行的创新创业课程高达几百门，主要包括知识类和实训类创业课程，一些高校已构建了完整的创新创业课程体系，如推进研究生院商务课程及技术经营等课程建设。它们主要包括：企业家的个人性格表征和基本涵养相关课程，如企业家的心理承受能力、思想、思维路径、行为特征等；创办企业或公司的相关法律事务以及财税金融知识；企业内部运作相关的知识、技能体系和框架，如创业策划、资金运作、资产管理、成本控制等；管理学知识，如决策、组织、质量管理等；成功创业者的案例分析。创新创业教育讲座是一种效果极佳的教育策略。内容丰富且充足、时间不长但所含信息易于理解且容量大最主要的是节约成本，人员所需数量少且方式灵活易于掌握。通过对创新创业教育讲座所做的透彻分析，日本高校的创业数量以秒的速度激增，并且形式和内容也是进行了很大的改善。讲座主要是为了促进学生多样的人生经历和良好的人格教育，内容包括工商管理、技术经营等。在众多正规讲座的基础上，各高校还衍生出许多附属讲座，如早稻田大学所开设的夜间讲座中，会对学员讲解创业计划、女性创业家的培养和进行商业教育，同时还涵盖创业资本的作用、新型创业战略、知识产权战略、消费者网络等内容。早稻田大学还定期召开国际研讨会和创新创业类比赛等。此外，还有来自企业和社会的力量提供创新创业的指导和投资等支援。

（4）举办多样化的创新创业竞赛。

日本将创新创业竞争赛事作为衡量学校创新创业教育成效的一个重要手段。通过创新创业竞赛与学校文化节、科技节相互辅助的一种途径，激发有创业意识和激情的学子们设立自己别出心裁的计划书，也使得许多卓越的企业家从创新创业计划竞赛中脱颖而出。另外通过定期举办各种不同层次的创新创业计划大赛、创业想法大赛、发明王大赛等，为创业者提供一个良好的展现自我能力和构思的舞台。创新创业计划大赛中会涌现出具有市场潜力的创新创业看法，是学校进行创新创业教育不可或缺的一种手段。

（5）实施企业家和创业者的培养促进计划。

这是以商业化为目标的、由大学主导的新兴创新创业项目，为高风险、潜力大的种子企业构建商业化战略和知识产权战略。其中之一便是"全球企业家培养促进计划"。该项目是为了搞活日本创新创业体系，促进建立在大学的研究开发成果基础之上的风险创业以及现有企业的新事业开拓，形成由人才培养和有关管理人员、科技人员、社会团体等组成的创新创业生态系统。具体来说，就是以专业的研究生和青年研究者为主要受讲者开展实践性的人才培养组织支援活动，该活动以培养受讲者的创业家精神、创业技巧、发现问题和学会解决问题的能力，以及开阔视野等为目标，充分发挥受讲者的主体性（积极学习）。特别是，该计划不仅实行短期人才培养项目的支援，而且通过和风险关系部门、海外机关、民间企业的合作，对有关人员间的人脉、组织网络的构建给予重点支援，有望形成持续的创新创业生态系统。还有一项计划是"国际创业者培养促进计划"。该计划是一项为了加强创新创业，鼓励创办新型企业与焕发传统企业新活力，并致力于培养拥有专业知识、广阔视野、发现问题及解决问题能力的综合型创业者的计划。一直以来，日本主张培养拥有专业知识和研究开发能力的人才，但由于社会的急速发展，社会各行各业对创办新兴企业以及发起旧企业改革的人才需求急剧增加，因此，日本政府下属文部科学省于 2014 年启动了国际创业者培养计划，计划目标为，对通过与国外机构及企业建立合作关系，培养创新创业及企业改革人才的大学进行援助。

计划的具体内容包括：①联合创业投资者、生产工厂、金融机构、大学研究机构等组织，为年轻研究人员提供研究创业具体流程及创业家心理特点的培训；②以创造性思维、创业意识、独立发现并以文理综合的角度解决问题（即 PBL，Project-Based Learning，项目式学习）等内容为中心进行研究。实施对象机构为日本国内大学、大学联合研究合作机构、高等专门学校。具体实施对象为研究生、年轻研究员、博士后研究员。援助计划期限原则上为 3 年。这项计划是以拥有专业知识、技术的研究生和年轻的研究者为对象，通过 PBL 等实践性人才培养计划（其中包括企业家合作、培养设计思维、创新意识和实战业务授课）培养出勇于挑战、勇于尝试的创新创业人才。如创业家、革新型研究人员、企业创业人员和创意技术人员等。

计划以期达到的效果包括：①让有着专业知识和研究开发素养的人才拥有课题开发、课题解决的能力，培养创新创业思维和将其研究事业化的志向，通过大学研究开发成果和进入大企业观摩学习，达到促进创新创业的效果；②通过强化企业、大学与研究人员之间的网络联系，构建可持续的创新创业的交流系统，加深大学的创新创业教育观念。

第五章 "双创"时代大学生创新创业教育的全面革新

第一节 大学生创新创业教育的现状分析

从 2003 年开始，有关高校毕业生的就业创业文件就开始涉及高校毕业生创新创业政策。2009 年 11 月，教育部《关于做好 2010 年普通高等学校毕业生就业工作的通知》提出，"全面加强高校创业教育""成立高校创业教育指导委员会""积极建设高校学生创业实践及孵化基地"等建议。各地方政府也积极响应党中央、国务院的号召，出台一系列促进大学生创业的扶持政策，对大学生进行创业意识、创业技能、创业精神和创业知识结构的教育培训，不断提高大学生的创业素质，着力扶持高校毕业生创办小企业，促进大学生创业项目成果的转化，取得显著成效。近十年来，我国的创新创业教育取得了不俗的成绩，但是我们也应该清醒地认识到，在取得成绩的同时仍然存在一些不可低估的问题，形成了我国创新创业教育的困境。

一、创新创业教育的战略引领亟须强化

在当今的世界潮流趋势下，尽管创新和创业能力的培养已经成为广泛的共识，创新创业教育在各国教育当中的地位也越发重要，然而在产生根源和培育目标上的差异，导致了在施行过程中显著的差异。中国与美国对比，美国的现代高等教育经历了一个充分的市场化过程。美国高校与创新教育相关的课程、教学模式，一开始仅是少数学生和教师的一种开拓性的尝试。所以，在产生初期，美国的高校可以有一个较为充分的孕育过程。随着这种尝试取得了社会和经济效应，这种开创性的模式能够得到学校各个层面的认同和支持。学校与之相配套

的制度、文化、心理等得到完善，对于创新创业的施行能够拓展到学校的各个层面。当"创新创业"成为学校这个生态系统里新的常态，创新创业教育就能够自然而然地得到学校各个层面的有力支持。随着学校培育的日趋完备，寻求更为具体的帮助，实现实际的收益成为创新创业教育进一步发展的诉求。此时，大学通过与企业的合作，开始建立一种稳定长期的合作关系，进而获取学校层面无法获得的资源。当这种合作取得了良好的社会效应和经济效应后，高校开始重新在战略层面定位创新创业教育，创新创业教育得到进一步的认同，成为与学生全面发展密切相关的一部分。对于学生创新创业能力的培养开始内化为大学人才培育的重要途径。创新精神可以真正地融入大学的精神内核当中。高校从内到外形成一个稳定持续的拥有信息交流、资源交换的生态系统。自此，美国高校实现了一套成熟的关于创新创业教育的模式。

与美国相比，我国的情况有着显著的不同。经过过去十余年的发展和完善，我国的创新创业教育实现了从简单的倡导向系统化扶持的转变。然而我国高校的创新创业教育最初的萌芽源自就业上的压力，对于创新创业的诉求在一开始是较为被动的。围绕着提高大学生就业率、缓解大学生就业困难而搭建起来的创新创业教育体系，有着很明显的功利色彩。与西方国家创新创业教育相比，由于缺乏来自高等教育内部原发性的诉求，高校在创新创业意识培养、创新创业人才培养目标上产生了混乱。我国的创新创业教育整体上仍处于起步阶段，在战略考虑上存在一定的问题。

（一）创新创业教育理念实施有待提升

对于创新创业教育目标的不明确使得创新创业教育的理念较为短视。创新创业教育首先要培养受教育者具备创新性的意愿和个性，而后则是具备基本的创业技能和企业管理技能。由于缺乏对于这两点的共识，我国的创新创业教育目前正呈现为一种"为了创业而创业"的教育。创新的概念无法真正地融入教育的核心价值体系中，导致在意识层面无法构建一个完整的体系。具体来说有以下两个方面。

（1）对创新创业教育的理解较为片面。当前的大环境下，从教育主管部门到学校的师生对于"创业"的认识仍较为狭隘。这种狭隘，集中在以下三点：①教学主管部门把创新创业教育定位为引导和教会学生如何开办企业，无论是创新创业知识、创新创业政策、创新创业技巧的培养，都被自然地归口到了高校毕业生就业指导工作上，对这种教育的期望也就是缓解来自就业的压力；②教师把创新创业教育认定为针对少数人的个性化或精英教育，属于第二课堂的辅导项目，由于与主要的考评体系脱钩，往往在落地的时候应付了事；③学生把创新创业教育简单地理解为办企业当老板，搞批发卖淘宝，并不认为创新意识的培养和创业能力的提升能够真正地提升自身的综合素质。

（2）对创新创业教育的工具主义倾向。因为创新创业教育天生具有实践性较强的特点，在形成系统和广泛的共识前，创新创业教育极容易被简单化当作个体获取某种实际好处的工具。而现阶段这种教育模式也得到了我国众多高校的肯定。例如，以创业基地又或是孵化器的创建模式于各高校中进行创业教育的创新型体验，以此来为创办微小型企业或者是经营有关项目的学生给予有效指导。以"创业大赛"的形式组织学生参与竞赛，推广创新创业教育。开办创业类课程过于关注实训和操作层面，迎合学生对于技能的要求。上述种种情况，折射出的是将创新创业教育庸俗化和工具化的倾向。在这种"实务"教育之下，实现创新性人才的培育和企业家能力的培养都是十分困难的。为此，广东外语外贸大学课题组在 2016 年 1—3 月针对受教育者所学专业与创业之间的关系做了一次问卷调查。从调查数据中可以发现受访者对于创新创业与本专业之间的相关度的看法，将近半数受访者认为关系不大。这说明创新创业教育在开展的过程中，并没有有效地融入大学现有的文化氛围当中，作为一种"外来物"，没有获得校内各方的认同，创新创业被割裂开来对待。由于缺乏在学术上创新的原动力，创业行为变成了为创业而创业。创新创业教育则很容易沦落成为一种实操的工具。

（二）创新创业教育政策制定有待规划

政策体系的基本特点就是其自身是一个内在统一的有机整体，但纵观当前我国大学生创业教育政策体系，呈现出明显的碎片化，尚未形成一个内在统一的有机整体，这突出表现在两个方面。

（1）高校创新创业教育的政策出自多个不同部门的政策文件中。虽然都是站在大学的层面上考虑，但实际上并没有归口形成统一的政策制定和发布主体。受教育者希望得到的扶持是多元均匀的。它涉及了从资金、政策，到信息，再到氛围等的一系列诉求，单靠一个部门来满足这些诉求显然是有很大困难的。在高校内可以与学生创新创业相关的部门包括教务、学生处、团委、就业指导中心、学院、后勤、科研、财务等。关于创新创业教育的政策零碎地存在于各个部门制定的文件要求中。在搭建创新创业教育体系之初，各个部门大多是各自为政，独立地发布要求和主张。随着体系的不断完善，虽然大家开始意识到部门间的联动和协作，联合发布一些政策，可从整体上来，由于政策的推行者来自各个部门，所以在其对创新创业的教育的政策设计上缺乏全面性、系统性。就算是相互结合制定有关政策，也是各部门自身的角度出发，导致政策的设计出现零碎、散乱现象，同时从政策的内在出发，也无法以统一性来进行表达。

（2）完全独立的创新创业的政策就目前为止是没有的，主要体现在就业的政策当中。在我国的大学生政策于创新创业方面，其显著的一点就是让大学生在就业方面因创业政策而有所提升。就创新的创业政策而言，只是三三两两地出现在各种通知规定或者是就业的文件之中，而以大学生为创业主体的创新型创业政策是极少的。通过整理可以发现，过去 10 年（2005 年至 2015 年）由中央部委下发的涉及大学生创新创业政策的 45 个文件中，重点讲述创新创业的文件是 16 个，而汇总在 2014—2015 年创新创业以及就业方面的文件是 4 个，剩下的是以大学生就业为主要内容的文件是 25 个，但在文件中创新创业的政策只是一小部分内容。而不管是就业文件当中的政策还是各部分响应国家号召所推行的有关创新创业的政策，都不够全面及系统。

地方政府对于创新创业教育上所起的作用，主要集中在政策、技能、资金的支持以及风险的防控。这些层面的支持往往并不是一劳永逸的，它应该更为长期性并更具有连贯性，这样才能使创业者在创新创业的实践过程中更有效地开展行动并确保成效。以创新创业来促进就业，这种功利性的考虑，使得在上层设计中对于政策目标的考量不够前瞻和长远，从本质上来说，这种政策支持并非扶持创新创业，而是旨在解决就业困难的问题。以创新创业带动就业的思维模式，直接使得相应的政策设计有着明显的应急和临时的特点。当就业的形势紧张时，政府部门就会制定一些激励大学生创业的临时政策来减缓就业压力；而当就业的形势发生变化时，政府又会根据实际情况来制定相应的应对措施。政府主管部门的政策有着明确的功利考虑，对于基层创新创业教育的开展必然产生负面作用，创新创业教育也就自然无法持续、稳定地发挥它应有的作用。

高校创新创业教育的提升发展需要从整体的角度来进行思考，如何整合系统内部的资源、充分发挥系统内部不同要素之间的作用，保持创新创业教育生态系统对外部环境的开放，这些对于创新创业教育未来的发展具有十分重要的意义。

创新创业教育应当回归到从个体生命成长的角度出发，将维系和促进每一个学生创新创业意识的觉醒、创新创业精神的培养作为创新创业教育最为根本的任务，而创新创业教育系统的发展与运行过程中要素间的协同也必须以为学生提供服务作为主导。教育者应当从观念、组织和制度的不同层面真正转型，将创新创业作为一所高校的核心理念，培育以鼓励创新为主体的大学文化，将高校的内部变革与创新创业教育、创新创业活动的实践结合在一起。高校应以营造创新创业教育生态系统的内外环境为主，重视大学创新创业的教育和活动之间的相互渗透与相互结合，注重大学生创新创业观念的培养和热情的激发，创造一个适宜的内环境使大学生能积极主动地接受创新创业的教育。

二、亟待配套完善创新创业教育的内外保障体系

创新创业教育是高校、政府、企业、家庭、学生多个要素相互联系、相互作用、相互支撑的一个协同系统。

（一）尚未充分发挥政府的主导作用

总体来说，政府尚未通过制定政策、引导舆论、建立机构、协调

关系、提供资金等方面为高校创业教育创造有利的生长条件和良好的外部环境，创新创业教育领导机构主导作用有待强化。具体而言，政府主导作用在以下几个方面尚未体现。

（1）政策机制导向作用。从高度上做好宏观指引，建立健全大学生开展创业教育相关体制机制。例如，创业政策与实际情况仍有一定差距，惠及覆盖面偏少，创业政策支持应更接地气。

（2）创业教育激励作用。加大高校开展创业教育的激励力度。例如，从师资培养、课程建设、职称评审等方面去引导高校教师投入创新创业教育中来。

（3）引导整合创业资源作用。整合相关职能部门的资源，为大学创业教育完善渠道和平台，引导资源的有效利用。例如，现时政府没有牵头建立由政府、高校、科研院所和企业相互协同的组织机构来指导创新创业活动的开展；社会之间、高校之间孵化器交流程度低，资源重复利用率高，"各自为政"的现象普遍。

（4）企业与高校之间的"桥梁"和"枢纽"作用。例如，由企业开创"创客基地""创业论坛"等，让学生走进企业、感受企业，激发学生创业灵感，而不是仅仅局限于校园内。

（二）政策支持与高校实际需要之间没有充分契合

现阶段，政府政策支持的重心方向与高校实际需要不一致。这在一定程度上导致"制度性压抑"。近年来，政府出台很多有关创业优惠及扶持政策，但是政府制定政策的主要目的在于缓解就业压力，大多数是针对准备创办实业的在校生或毕业生提供小额贷款及税收优惠，没有充分考虑涵盖各个层面的大学生创新创业教育的需求特点，没有覆盖到全体教育对象，对于就业机遇较好或已经就业的大学生而言吸引力不足。再者，政府作用的发挥应该惠及或者适用于绝大多数的在校大学生，没有创业经历的大学生群体有更多的需求需要满足和支持。因此，政府在政策扶持、信息咨询及项目支持的作用发挥尤为重要。

部分政策没有得到有效的贯彻执行。以高校为例，在支持大学生创业的工商注册问题上，大多数创新创业团队希望利用学校作为注册地，但由于学校的土地性质为教育用地而非商业用地，需要办理一系列复杂手续并且所在学校承担全部责任方可作为商业用途，最终只能在高校以外的社会孵化基地进行落地。再如，各地普遍出台了小额担保贷款、大学生税收优惠政策、资金补贴、场地安排等扶持政策，由于部分政策并不能有效地实施，创业的环境也并不理想，所以在实际经营中，经营的成本会升高，为了与这些实时变化着的创业环境和政策相适应，大学生创业的规模在扩张时会受到或多或少的影响，其创业的发展也会受到制约。

部分政策与创业主体存在信息不对称的现象。教育部颁布一系列支持大学生创新创业的政策和扶持措施，并且某部分政策或举措已实施好几年，但有相当一部分创业的学生群体仍对政策没有理解或理解甚少，在实际创业过程中没有享受到应有的福利或支持。政策与创业主体之间信息不对称的问题仍存在。

（三）高校与外部环境的协同程度偏低

高校在开展各类创新创业实践中，与政府或企业共建创新创业教育平台的仍属少数，与企业之间的创新创业教育合作仍有很大的发展空间。高校与外部环境的协同程度明显偏低，需要寻找更多的"切入点"和"共同点"。

众所周知，追求最大的经济利益是各个企业的目标，而培养满足社会创业需要的创新型人才和获取科研成果又是各高校的任务和目标。因为从事创新创业教育的人对利益的需求各不相同，况且关于合作成功后的利益分配无明确要求，所以可能会导致参与双方利益分配不均，产生误会或摩擦。

社会以及企业对创新创业教育缺乏实际支持。当前创新创业教育最大的问题在于与实际的状况有距离。一方面，从企业和高校、社会的联系来看，还存在着沟通渠道不通畅、对社会需求的反应不够迅速等问题。相对而言，高校在捕捉市场动态、分析市场需求等方面不及企业高效及快捷，从而在创新创业教育方面会存在一定的滞后性，需要企业进行相关信息的补充或更新。另一方面，很多企业并不认为高校的创新创业教育会对企业的发展有非常重要的促进作用。虽然有一些企业和高校签订了相关的实习协议，但是这也只是参观或者蜻蜓点水式的操作，重视程度不足。企业也没有提供专门的创业导师、扶持资金、创业讲座论坛、创业实习基地等有效平台。学校与企业之间欠缺一种为学生提供项目、资金、场地等的长效机制和渠道。

（四）高校内部对创新创业教育的共识度有待增强

高校内部各主要部门未能对创新创业教育形成一致的看法，导致在制度层面、实施层面、活动广度、协作机制等方面均存在一定程度的缺陷和不足。

（1）制度有待完善。一是缺乏系统规划，缺乏对创新创业教育的顶层设计，实施路径不清晰。二是制定的部分政策不具体，缺乏针对性、实效性，不接地气。虽然出台了一些鼓励大学生创业的规定，但是这些规定真正落实起来不仅程序繁杂且作用不大。从事创新创业教育的教师和投身创新创业实践的学生，有时无规可依或没有积极性。

（2）实施的力度不够，需要增强。就人才培养来说，虽然创新创业教育的理念一直在倡导着，也在大力宣传着，但是在实际的教学法活动中，高校并没有将创新创业教育的理念真正地融入教学理念和培养模式中，在老师和学生实际的教与学过程中也没有真正的贯彻落实，仅仅是在文件、会议或者口头上有所提及。

比如，在人才培养方案中，未将创新创业相关课程列入必修课，未突出大学生创新精神、创业意识和创新创业能力的培养，可供选择的创新创业教育课程不多，创新创业教育师资队伍相对薄弱，教师指导学生开展创新创业的积极性不高，学生创业实践基地的孵化能力和聘请的创新创业导师不能满足创业学生的需要。

（3）活动的深度和广度有待拓展。从创新创业氛围营造来看，虽然不少高校都举办创新创业大赛、创新创业讲座，通过各种媒介对典型创新创业学生进行了宣传报道，但是影响面和影响深度还不够。比如，创新创业大赛停留在选拔创新创业精英的层面上，参与大赛的学生比例太低，未能形成学生广泛参与、创新创业意识深入校园各个角落的好局面；对创新创业政策、典型人物的宣传基本停留在校园网的一两篇报道、宣传栏的一两张海报，没有形成广泛关注、全校联动的长效机制；还未形成学生投身创新创业实践的热潮。

（4）创新创业孵化协作机制有待健全。目前，高校内部参与协同的各环节因发展水平差距大，运作步调不一致的问题比较突出，不能满足孵化机制全面运行的需要；未能发挥校级创新创业教育领导小组的决策职能；教务处、学生处、科技处、就业指导中心、团委等协同运作的效率低下，齐抓共管的良好格局尚未形成。存在补位缺失、工作重复等现象（比如，创业比赛由多部门承接和主办）。

（5）共识有待形成。创新创业教育的各环节对创新创业教育的评价体系缺乏一致性认识，造成资源的浪费和对重点项目投入的不足。部分教师本身对学生创业不认同，认为学生的主业是学习，不应该鼓励学生创业。

（五）社会对创新创业教育的认识有待转变

社会对创新创业教育见仁见智。有的认为创新创业教育就是要培养企业家，甚至政府部门以高校应届毕业生"创业率"作为创新创业教育的衡量指标。当前创新创业教育主要存在三个方面的不到位。

（1）企业支持创业的利益化驱动意识强烈。现阶段大多数企业支持高校创新创业教育都停留在短期获利的目的上，希望借助学校的技术、师资、资金等方面来支持企业本身开设创业孵化基地，并通过招揽规定数量的实习生、生产创业孵化产品投入市场、利用学校进行推广宣传等形式来为企业盈利和短期效益服务。总的来说，企业与高校合作创新创业的眼光过于短视，未能放在培养企业人才、建立创新创业合作机制、社会服务等长远战略上来考虑，合作可持续性受到局限。

（2）家庭对大学生创业不认同。由于我国社会长期受传统守旧文化观念的影响，多数家庭还存在根深蒂固的"学而优则仕"的观念，对创业不支持甚至是有偏见。目前大多数家庭不支持子女参加创业教育，而是希望其将主要精力放在专业学习上，及早备考研究生或公务员。

（3）高等教育领域以外的社会各界对大学生创业时机的认识存在偏差。广东外语外贸大学课题组在 2016 年 1—3 月针对该问题所做的调研显示，在校大学生、毕业后 3 年内的社会人士、创业导师对创业最佳时机均有不同的态度和看法。其中大多数认为，在企业工作 1~3 年后是创业的最佳时机，相关数据也证实此期间创业成功的学生人数比例最高，高校创新创业教育应更加侧重培养学生的创新精神、创业意识和创新创业能力。同时，创新创业教育应不仅仅惠及在校大学生，更应扩展到毕业后的有志创业的潜在人群，对其进行系列的创业培训和创业跟踪，这样才能使创新创业教育形成全方位、多层次的格局。

三、创新创业教育人才培养模式和体系有待健全

创新创业教育的落实需要一套完整的包括教育目标、教育方式、课程体系、评价机制和组织结构的人才培养模式，但目前尚未有高校能够拿出一套较完备的人才培养方案。

（一）创新创业教育的目标不够清晰

创业目标的确立需要自上而下与自下而上相结合。自上而下是指从国家和社会的需求出发，如果是地方性院校，则要充分考虑当地区域经济发展的水平和未来发展方向。自下而上则是指需要充分考虑学生和专业的特点，同时兼顾学校的战略规划和人才培养目标。目前，各高校虽纷纷出台创新创业教育改革实施方案、创新创业教育培养方案等，但均缺乏明确的目标表述。一般只是简单提及"构建和完善多样化人才培养体系"，并没有具体、可操作的方案描述。同时，大多数方案仅在指导思想部分提出，"将创新创业教育融入创新人才培养的全过程，建立具有我校特色的创新创业教育体系，全面提升大学生的社会责任感、创新精神、创业意识和创业能力，培养高素质的创新创业型人才"，缺乏具有操作性和测量性的表述或指标要求。

（二）创业教育课程设置不合理

随着创新创业教育和大学生的创业活动在校园的兴起，创新创业

教育课程越来越受到我国高校的重视和大学生的普遍欢迎。将创新创业教育内容融合在本科教育的课程体系中,采取合理的组织形式,优化课程设置结构,构建实施培养创新创业人才的科学合理的创新创业教育课程体系显得尤为重要。当前我国对高校在创新创业课程体系的建设上仍不能很好地满足创新创业人才培养的需要。

(1)创新创业课程的专业化程度有待提高。

在创新创业课程的专业化问题上,除了前面所述的创新创业师资方面所存在的问题外,课程结构上忽视学生的个性特点及课程内容上忽视知识的多样化等现象,直接降低了创新创业教育课程体系的专业化程度。

当前我国高校的创新创业课程仍处于起步和摸索阶段,一方面,在课程结构上,选修课居多,必修课和专业课较少,课程安排存在很大随意性,缺乏全面、持续激励学生开展创业实践的教育活动,难以提高学生对创新意识和创业能力的重视程度,导致出现部分同学为修学分而选课、选课者不了解课程设置意义等现象。另一方面,课程内容单一,许多专业还没有创业教育系列课程;即使有,也不够系统和连贯。

除了这些,在设置创业教学课程的时候并没有将实践操作列入课程的内容之中,有些即使设置了,内容也不够丰富,这也是矛盾所在。目前高校所开设的课程基本上都是老师传授单纯的理论知识,而实践操作却很少甚至没有,这种注重课堂授课缺乏实践的教学模式现象较为普遍。总的来说,课程的专业化水平在与学生需求和社会需求相匹配方面仍然有极大的提升空间。

(2)课程体系建设的协同程度有待提升。

从目前来看,高校、企业、社会间的协同程度相对较低。具体表现在以下几方面:一是未能实现校内协同。部分高校将创新创业教育等同于专业知识教育,只在传统教学课程中安排教授,未能建立创新创业学分积累与转换制度,缺乏探索与创新创业相适应的学分折算体系,校内缺乏各部门联动的创新创业实践平台。总体而言,大多数高校尚未将创新创业引入人才培育体系中。二是校内外协同程度低。目前多数企业对创新创业教育课程体系的参与，局限于对高校实验技术的支持，仅有30%的学生和导师表示学校能与企业共建创新创业教育平台，校企间的创新创业联盟少，不利于推动企业发展模式的转变；校校、校企、校地、校所以及国际之间的创业教育合作机会少、质量低，未能达到推进校内校外协同育人、协同创新的目的。三是未充分整合政策资源。当前教育政策对创新创业教育的鼓励支持多停留在理念层面，缺乏可操作性和实施性，再加上我国普遍存在的创业融资难等问题，使得创新创业教育课程体系的构建异常艰难。

（3）课程体系建设的实践资源有待优化。

当前创新创业教育课程处于"重理论、轻实践"的阶段，教学课程规划中理论性课程仍占大多数，能够让学生检验自己学习实效性的实践性课程仍然偏少。据统计，在开设创新创业课程的教学单位中，有效运用"翻转课堂""模拟营销""创意策划"等实践教学环节的比例只占54.3%，这表明课程体系建设中实践性教学环节的作用仍没有很好地发挥出来。

中国的传统课堂形式往往注重简单乏味的理论知识，忽略了学生实际操作的能力，缺乏实践性，从而无法满足创业教育的实践性。因此，要想真正发挥创新创业教育的作用，满足学生对创新创业教育的实际需求，就必须增加学生的实践操作机会，将理论融于实践。这样创业教育的效果就会真正地体现出来。

四、创新创业教育的文化支撑亟须加强

创新创业文化直接推动着社会经济的发展，创新创业文化还是创新创业教育活动开展的根基和引擎。在"2015年后发展议程"（联合国发展峰会已通过）就指出：文化是可持续发展的根基所在。正因为有强大的文化作为后盾，所以像以色列、美国等国家就成为世界上的创新中心。同理，一个创业教育也在根本上有赖于文化的支撑。从目前的情况来看，在国家和教育行政主管部门的大力倡导下，创新创业教育虽然取得了一定的成绩，但是创新创业教育的文化支撑还相对薄弱，有待加强。

（一） 创新创业文化的理解有待于理清

学校的创新创业文化是创新创业文化在校园领域的延伸。学校的创新创业文化包括创新创业物质文化、创新创业实践文化和创新创业精神文化等方面。结合目前的实际情况来看，学校的创新创业物质文化主要指创新创业教育的场所、设施、器物等；学校的创新创业实践文化指的是在创新创业教育过程中的主体与客体相统一的活动；学校的创新创业精神文化指的是在创新创业教育中所营造出的对于参与其中的人具有感染性的思想氛围、敢为人先勇于开拓的企业家精神，以及与创新创业有关的思想、观念体系。

（二） 创新创业文化作用的认识有待于明确

文化是一种软实力，发挥着导向、凝聚、动力等方面的作用。"文化软实力是一个国家的文化体现出来的凝聚力、吸引力、影响力"。① 创新创业文化作为一种文化而言，对于小到一个学校的创新创业工作，大到一个国家的创新创业大局都起到支撑的作用。

（1） 创新创业文化对创新创业的支撑体现在明确目标上。创新创业文化明确了一个发展方向，通过文化环境的影响，使广大创新创业的参与者能够清晰地感受到当前的创新创业教育工作所鼓励和支持的东西，从而在尽可能大的社会范围内形成崇尚创新创业的风尚。要不要去创新创业、如何去创新创业，对这些问题的正确回应和解答成为社会共同的目标和信念，能够使人们在遇到问题和暂时的迷茫时排除外来的干扰和内心的困惑，选择正确的道路。

（2） 创新创业文化对创新创业的支撑体现在凝聚上。当前的时代与之前的所有时代相比，一个巨大的变化就是社会成员的"原子化"趋势越来越明显。对于个体的人再难以像过去那样容易地组织起来。尽管如此，创新创业文化对具有创新创业意愿的人而言，是一种召唤和组织，能够引起共同的关于"创新创业"的兴趣，把众多的零散的

---

① 骆郁廷. 我国文化软实力的发展战略 ［J］. 马克思主义研究，2009（5）.

"创客"们集聚起来，成为一个"集体"。

（3）创新创业文化对于创新创业的支撑体现在激发上。创新创业文化是一种社会意识形态。作为意识形态，创新创业文化同样具备历时性维度上的三个阶段：自在阶段、自为阶段、自在自为阶段。即有关创新创业的思想、观念、知识体系等，以活动为主要形态的物质实践过程，经过了在该指导思想下的活动实践的人将其作为自己内在的、固有的思想并按照这种思想自觉自愿地去行动。因此，创新创业文化提供的不仅仅是知识、思想和观念，也不仅仅是实践活动过程，而是要通过这些实践活动过程，将原来外在的、需要进行教育或灌输的知识或观念内化为创新创业者自身的一部分，让"创新创业"成为创新创业者的无意识，使其自觉自愿地"按照这样去做"，将其能力和潜力充分发挥出来，并在现实的工作中发挥实实在在的作用。

创新创业文化的支撑作用已经随着创新创业工作的不断推进显现出了强大的力量。教育部党组副书记、副部长杜玉波在全国高校实践育人暨创新创业现场推进会上明确提出"要抓住重大活动、重大事件、重要节日等契机和暑假、寒假时期，紧密围绕一个主题、集中一个时段、广泛开展特色鲜明的主题实践活动"，"及时总结推广各地各高校的好经验好做法，发掘树立先进典型和优秀事迹，弘扬当代大学生积极投身实践、勇于创新创业的正能量，以榜样力量激发学生成长成才、创新创业热情。通过引领创新创业文化，带动引领创新创业潮，进一步推动大众创业、万众创新"。

（三）创新创业文化存在的问题有待于解决

创新创业文化作用不可小觑，但是在目前的创新创业工作中，创新创业文化所发挥的作用还非常有限，上升的空间还有待于进一步扩大，其对于创新创业的支撑作用还有待于从各方面努力进行固化。

（1）高校普遍对于创新创业文化的理解存在偏差或者片面性。有些学校会自然而然地比较重视对于创新创业课程的建设，希望通过课堂教育来加大对于学生的创新创业思想的灌输，从而从思想层面进行创新创业文化的建设；有些学校比较重视创新创业类活动的举办、创新创业典型的树立、创新创业相关场所的建设和器物的置备，比如学校内外孵化器的设置等，希望通过非常直观的方式来加深创新创业文化氛围对于学校师生的影响和熏陶，通过增加活动的机会，在实训中营造创新创业文化氛围。无论是创新创业知识的课堂教学、创新创业大赛的举办、创新创业典型的树立，还是创新创业项目的落地运营，都是创新创业文化建设不可偏废的一部分，任取其一都有可能造成其他方面的不足，从而影响到创新创业文化对于创新创业教育所发挥的支撑作用。与学生进行创新创业实践相比，创新创业教育的普及程度还比较低：高校的创新创业教育的育人功能相对薄弱。

（2）目前的创新创业文化尚处于初级阶段，未得到明确的凝练。作为一种文化，若要发挥其"软实力"，必须有清晰明确的核心价值，在建立核心价值的基础上，逐步展开，使该文化范畴的思想、知识、活动、物质等都围绕着核心价值，成为核心价值在各个领域的延伸。但是，从目前来看，一种能够在一定范围内，比如一个学校或一个地区内的创新创业文化尚未真正地构建起来，更不要说建立国家层面的创新创业文化。创新创业文化不只是要从历史古籍中去总结，不只是要从地方特色中去剪裁，还需要从目前正在进行的创新创业实践中去发掘。我国的创新创业工作特别是创新创业教育工作得到大发展是近些年来的事情，这个过程需要积累，在积累的基础上总结，才能得出对于社会具有真正导向性的创新创业文化。

（3）目前的创新创业文化弥漫着浓厚的功利性。创新创业作为一种人类实践而言，诚然是要通过其结果来进行评价和衡量的。但是，单纯地以创新是否出科研成果，创业是否能大量盈利来衡量创新创业工作，甚至将这种工具性、功利性的思维灌输到创新创业的发展过程中，对于创新创业特别是对于创新创业教育是一种巨大的伤害。过程和目标、手段和目的分别是哲学中成对出现的范畴。从创新创业教育过程而言，之所以在目前的阶段或多或少体现出功利性的色彩，是因为对于创新创业教育的过程和目标各自的重要性没有清晰地厘定，对于创新创业教育中何为手段、何为目的，其相互之间的关系如何，也没有正确地处理。创新创业教育，如同人类社会历史中所有的实践一样，具有一个螺旋上升的过程。在这个过程中，包含无数的失败，也通过失败孕育了无数的下一个成功。但是目前，在全民创新创业热潮中，创新创业教育所遇到的大多数难题都来自现有的以结果为导向的考评体系，注重的是有多少创业型公司注册，拿到了多少融资，有多少盈利，解决了多少就业问题。诚然，这些都是创新创业教育应该解决的问题，但不是在目前阶段就应该通盘考虑的。创新创业教育在现阶段，是应该通过思想教育，通过现有的、可能的实践活动来激发人们脑海深处的"创新创业"意识，端正创新创业的态度，坚强创新创业的意志，通过时间的磨洗，从一代代人的亲身体验中，形成人们的"惯习"。而这些，正是需要通过新的创新创业文化的塑造来完成的。

五、创新创业孵化器的作用有待凸显

不少高校在教学、科研场地比较紧张的情况下，响应国务院号召，腾出场地建立了创新创业孵化基地，支持学生开展创业实践，但是高校创新创业孵化器孵化能力普遍较弱。

一方面，高校创新创业孵化器建设未得到有效支持。虽然教育部及各省市政府近年来出台了相关政策文件明确力量和高校积极地参与到新建或者改造孵化基地的队伍中来，建立一些服务平台，用来协助创业活动的开展，有一些地方甚至在尝试政府参与投资的方式，还有聚集社会力量参与投资的方式来建立孵化基地，但是目前政府提出的引导性政策均是总体说明，并未有实际明细规定。总的来说，大多数政策都停留在宏观指导的层面，落实到微观操作层面的相对较少。例如，在加快孵化器建设方面，省政府虽点名由省人力资源和社会保障厅牵头制定规则和保障建设，但未见具体措施和监督机制。

另一方面，高校创新创业孵化器条件受限。有些高校因学校是教育用地不能用作商业用途，不能作为注册地，繁杂的手续和责任归属等原因导致无法令校内孵化器进一步发展。虽然政府有了相关扶持政策，但是在实际操作中因条件限制而无法真正发挥政策作用。

第二节 大学生创新创业教育转型发展的核心问题

一、大学生创新创业文化的培育问题

大学生创新创业和企业管理是两个不同的事情，在本质上是有很大区别的。创新创业是需要创新创业人员具备一些条件，而这个条件不是每个创业人员都具备的，它需要创新创业人员具备不断寻求机遇的眼光和机遇到来时能够把握住机遇的能力；但是企业管理就不同了，管理的过程需要的是资源驱动，也就是需要更多的资源，并且将各种资源进行整合和利用的过程。正是因为创新创业和管理是两个不同的概念，所以在教育过程中创新创业教育和商学院管理的课程是完全不同的。Rice 的研究表明学校的教育是需要大学生具备各种能力比如对机遇的敏感性和对机遇的把握能力，他对美国的一些领先的创新创业教育大学的课程是先要将创新创业教育的理论和创新创业理论对应起来。在 2002 年 Solomon 和 Duffy 的研究也证实了 Rice 的观点。他们的观点是创新创业教育和商业管理的教育课程是不一样的。个体创新创业的教育需要有多种技能包括新产品开发、创造性思维、技术创新的扩散、领导力、协调。而不论是创业者还是管理企业都需要具备的重要的品质。生动形象的个性表达、对于机遇的渴望、无时无刻都思考的创意和想法、主动发现风险的能力等重要品质都是需要每一位大学生具备的品质，创新创业教育过程中应当着重培养这些品质。创新创业教育的教学方式是多样和注重实践的，同时也应该关注大学生在校期间的计划书、实践、和成功人士沟通学习、讨论与分析等的实践。在创新创业教育的过程中还应当运用多种方式培养创业者的能力，让创业者学习更多的科目不局限于创业的科目，跨学科的项目的作用很显著，它可以使学生多元性地学习，对于培养学生的创业意识和能力非常有帮助。

高校创新创业教育还将注重以下几点培养。

（1）各种有效信息通过构建和合作的方式给学生，这样做需要学生全身心地投入学校的各种教学范式的教学环境。

（2）如何将传统的社会科学的观点同创业教学教育的内容合并在一起传递给学生，这些内容涉及心理学、管理学、社会学、经济学等。

（3）如何将大学传统的思想和企业文化相结合，因为创业者需要有冒险精神和探索精神，而这种精神和传统的大学教育有些不同，因为传统的大学教育是思想上，形而上的、注重理论和规范的。

（4）成为一个创业者如何不忽略必要的知识和技能的培养。

大学生应当从入学时就主动探索他们自己已经拥有的知识和兴趣，通过已有的这些来选择创业的方向。在大学期间学校应该保证学生有充足的学习时间和学习氛围，这样才能让学生从中获取经验，然后才能对于自己的选择的专业知识反思，而这种反思是应该不间断的有意义的。最后形成一种思考模式就是不断探索，不断问责。在这个前提下，大学应该有很多变革才能保证学生能力的提升：第一，建立学生的孵化器，转变角色，教学范式向学习范式转变，形成资源和产业部门之间的关系网，只有这样才能让学生有更真实的经验；第二，大学教学知识应当不断地反思和停顿。

很多高校都认为商学院是实践创新创业教育最好的场所，他们是从各个学科的课程、课程设置和教师资质等很多方面考虑的结果。不过现实是他们的想法和真实的情况是截然相反的，因为研究发现高校让学生去华尔街工作，看似是增长知识和技能。但是实际上这个行为反而是锻炼学生如何成为一名更合格的打工仔，而不是创业者。所以高校的创新创业教育，第一，应该进行创新创业教育的文化培养，根据政策来培养每个学生在金融、商业行为、性格培养这几个方面的着重教育和激发潜能。第二，我们可以借鉴美国的一些优秀案例，例如开展跨学科领域的社团讨论。学校鼓励和吸引工程、计算机、人文、艺术等专业的学生，让他们组成不同的创业组。这种跨学科的创业组需要持续不间断的调整，在这个过程中大学的管理模式应该灵活实现。

创新创业教育需要解决三个问题：首先，不同学科的学科老师能否教授创业知识？其次，传统的商业模式如何能给学生展示出创业知识？最后，学生是否受到教师的影响，教师能否传递正确的教学范式？第一个问题，很多大学的创新创业教育都是通过案例分析、模拟经营、项目等内容来教育学生和传递经验。大学教育期间应该让学生参与大量的实践，让学生与教师、学生与学生、学生与课程内容之间互动、在实践过程中学生可以不断地冲突、协调等从而感悟和学会创业。在这个过程中教师也起到很重要的作用，他们应该以传授创业知识为中心，锻炼学生发现问题并且能够解决和把握住机遇的能力。

二、大学生创新创业教育课程体系的构建问题

截至 2014 年，我国高校已经具有十多年开设创业教育的"创业经验"了。创新创业教育课程的开设也受到了大学生的欢迎。可是在教育过程中还存在着很多的不足，在概念和设计的层面缺乏系统性，很多的创业课程都注重学生创业能力的传授而忽视了大量技能包括互动性强、情境性的课程，更需要大量的实践这些技能。① 在现实的场景中创新创业可以让学生对创业的理解和认识能力得到快速的提高。此外，很多高校对创新创业教育的课程重视不足，甚至将其列入大学生的第二课堂等实践活动之中。部分高校甚至把创新创业教育定位为第二课堂实践活动。从创新创业教育所需教材的角度来看，我国高校创新创业教育经过了 20 多年的发展，却依然没有编写出具有较高质量的、能够被教师和学生所喜爱的创业类教材。很多教材的理念和方法来自国外，部分内容与我国创新创业教育的背景存在巨大的差异。因此，我们急需根据中国创新创业教育的背景特征，研发并编写出具有本土特色的创业教材。

高校想构建更好的创业课程需要解决以下三个问题：第一，确定课程体系的目标；第二，选择课程内容；第三，整合课程资源。要有积极的课程体系，应该有科学的内容、课程目标和系统的支撑构建。

---

① 黄兆信，曾尔雷，施永川. 美国创业教育中的合作理念、模式及其启示［J］. 高等教育研究，2010（4）.

（一）定位目标

培养人才的标准、培养人才的途径和培养人才的目标是构成课程体系的主要内容，所以，高校对人才的培养也是有目标的，它是教育课程体系的基本依据和最终目的。结合泰勒的"目标源"理论以及对创新创业教育目标的理解，笔者将从共性目标和个性目标两方面对创新创业教育课程体系进行定位。

（1）共性目标。创新创业教育课程体系的构建要面向全体学生，创新创业教育的共性目标是培养出有创业意识和创业心理的品质，提高大学生的整体素质。这些表现需要多方面的技能，它包括强化创业意识、丰富的创业知识、心理品质的培养，这些是大学生为适应不断变化发展的时代需要。

（2）个性目标。个性目标是构建创新创业教育体系，创业实践能力包括经营能力、综合性能力、职业能力。培养学生的创业能力是个性创新创业教育的目标。然而，创业课程体系的个性目标面对的学生群体也主要是本身具有强烈的创业欲望或者实力的学生。

（二）整合内容

课程目标的实现主要依赖于课程内容的有效确立。依据现代课程的划分标准，结合创新创业教育的发展现状，我们将创新创业教育课程划分为隐性课程与显性课程、基础课程与专业课程、理论课程与实践课程。在课程的设计过程中，要注意课程内容的整合性和完整性。

（1）隐性课程与显性课程的有机整合。隐性课程和显性课程有着本质的区别，然而加强隐性课程和显性课程的和谐相融很重要。隐性课程是间接而内隐的存在于社会中，它可以潜移默化地影响学生的身心健康发展，也主要体现在学校文化中。显性课程很外显直接的，它主要表现在学生接受专业知识中。这两者有机地结合可以树立创新创业的价值观，并养成良好的创业行为习惯。

（2）基础课程与专业课程的有机整合。基础课程是培养学生创业意识、扩宽创业知识普及的课程。它是可以面向全体学生开设的课程。

但是，专业课程则不同，它是不同的学院、不同的专业开设传授专业知识，培养专业技能的课程。将创新创业教育的基础课程融入其他专业课程的教学过程中，可以促进大学生根据自己的专业知识，发现不同的创业机遇。

（3）理论课程与实践课程的有机整合。创新创业教育发展过程中存在许多不成熟的表现。理论课程是学生创业的必要基础知识，它和实践知识不同。实践知识是通过理论知识的理解和运用在现实中实践，使理论知识得以论证和提高的技能。不过现在很多高校或者注重理论知识，或者注重实践知识，而不是将两者有机地统一和谐地运用。

（三）优化结构

从系统论的观点看，创新创业教育课程体系的构建，不仅要有它赖以存在的形式和条件，而且还应该具有科学的结构，只有这样，才能优化创新创业教育课程体系，并发挥创新创业教育功能的最大功效。首先，立足于形式构成的角度，增加创新创业教育模块，与"人文社科模块"和"自然科学模块"并列为通识教育三大模块。首先，为了满足不同学生的学习需求，学校设立了公选类创业课程和专业课创业类课。其次，由于创新创业教育课程在我国高校的时间短，创新创业教育的课程分配比例还是存在问题，所以只有合理地分配好选修课和必修课的比例是推行创新创业教育必不可少的。必修课包括创业管理入门课、职业指导课、创业技能课以及创业实务课程等，以教授专门的创业专业知识和专业技能为主要目标。而选修课则包括企业文化和企业精神的培育、市场营销、企业管理以及创意策划等，目的是全面培养学生的创业意识和心理品质。

（四）总体原则

创新创业教育课程体系的原则有以下几点：创业课程的目标导向原则、创业课程的综合能力拓展原则、创业课程的实践互动原则。在提升每一个学生的创业意识和能力上应当具体地将创新创业教育课程体系构建的课程保持和谐。并且规划实践创业课程，还可以提升学生的综合能力，将大学生专业知识和技能与创业相融合，促进学生在专业和创业两个领域中的协调发展；从具体的实施层面来看，借鉴发达国家创新创业教育课程的特点，我国高校创新创业教育的课程需要加强实践性课程包括真实情境、问题解决、互动合作。

（1）目标性原则。创新创业教育课程体系的最终目的和基本依据是高校人才培养的目标。值得注意的是创新创业教育课程的层次性。培养大学生的共性目标，而个性目标则是挖掘和培养具有开创型个性的人。创新创业教育课程体系的建设就要紧紧围绕已设定的目标定位进行组织和开展，取消"边缘化"的课程，注重增设有利于实现创新创业教育培养目标的课程。最后，创新创业教育的课程要根据当前知识经济社会的发展而及时调整内容和培养目标。

（2）综合性原则。创新创业教育课程内容在设置时要体现综合性的特征，注重对学生的全面培养，在坚持响应国家素质教育政策的基础上，推进课程建设的融合发展。

（3）实践性原则。我国伟大的教育学家陶行知说"耳闻之不如目见之，目见之不如足践之，足践之不如手辨之"。这要求我们注重培养受教育者的实践能力。高校创新创业教育课程建设要注重实践性原则，突出课程的实践性特征。如开设以创业大赛、职业生涯规划赛等创业模拟活动为主的模拟课程。除此之外，开启校企合作模式的创业实践课程，校企合作模式比起模拟实践课程，更接近于市场运作，更能提高学生系统的创业能力。

（五）实施策略

为了实现创新创业教育课程体系功效的最大化，挖掘和培养具有创业素质的自主创业者的目标，要从教材、专业、师资方面着手实施，推进创新创业教育发展。

（1）推进教材建设。我国的创新教育教材多是引进和翻译的国教材，教材建设缺乏中国特色。所以我们有必要在吸取国外优秀教材的基础上，编写出适应我国本土的具有权威性的教材，以适应我国经济发展形势与学生特点。

（2）专业教育与学科渗透相结合。创新创业教育的根本是开设创新创业教育专业课程，它也是创新创业教育的基础。但是和国外的创新创业教育对比，我国很多高校在创新创业教育课程建设方面条件还不够成熟，无法设置专业课程。然而，进行创新创业教育的方法是采用学科渗透法，可以是高校创新创业教育的选择。如果将这两种模式双管齐下，高校大学生的创新创业教育会有很好的效果。

（3）专兼职相结合的师资队伍。专兼职的教师队伍是在目前创新创业教育师资队伍缺乏状况下，较合理的教师队伍搭配，能够同时满足大学生对研究型师资和经验型师资的要求，更好地促进创新创业教育的发展。除此之外，校企合作的实践平台，也是创新创业教育课程发展必不可少的部分。实践性是创新创业教育的突出特征，构建校企合作的联动机制，加强学校与企业之间的联系，形成校企创业联盟，一方面能够更好地整合教学资源，为学生寻求创业机会创设便利的条件；另一方面有助于创新创业教育在社会领域的推广宣传，增强社会对创业的认同感和支持度。

三、创新创业教育师资队伍建设

我国高校创新创业教育发展在我国高校创业培训过程中师资力量的不足依然是困扰其发展的一个重要阻碍，同时一些高校没有从根本上注重对于学生创业培训的指导更加剧了这种情况的恶化，我国目前存在着一系列的问题。

（1）创新创业教育的师资在数量上明显不足。据《中国高等教育质量报告》公布的数据显示，目前中国高等教育的规模为世界第一，在中国高校学习的在校大学生占全世界总量的五分之一。但是，与这种规模上的优势明显不匹配，甚至呈现强烈反差的是，中国高校的创新创业教育水平。报告认为，创新人才培养赶不上实际的社会需要，高校创新创业教育是中国高等教育的"痛点"。而作为中国高等教育突出弱点之一——"高水平教师和创新团队不够""实现由量到质的新跨越仍是突出问题"的现象也是当前中国高校创新创业教育所面临的关键困境。从中华全国学联发布的《高校普及类创新创业教育高校调研报告》显示，该报告收集有效样本 1000 多个，覆盖学校 600 多所，但是在受访教师所在的高校中，有十分之一的高校没有创新创业教育师资。

（2）创新创业教育师资在类型上配比欠缺平衡。在培养学生创新创业能力方面，世界知名的斯坦福大学，正是受到了其创始人阿玛萨·利兰·斯坦福先生的精神影响。他在该校的首次开学典礼上就明确地指出，生活归根结底是指向实用的。从创新创业教育的角度而言，就是应该以实践为导向。但是，作为一种实践导向鲜明的教育门类，不等于说可以不要理论。从认识论的角度而言，理论对于实践有着重要的指导作用。因此，创新创业教育，特别是高校的创新创业教育既包含理论知识的传授，也包含实践过程的操练、浸染和熏陶。创新创业教育既然包含理论学习和实践锻炼两个过程和部分，也就说明了创新创业教育的师资供应能够支撑这两个过程和部分的需要。从 2012 年一份由贵州师范大学的研究团队针对贵州省的大学生创新创业教育情况所做的调研报告显示，在实践型师资、理论型师资、综合型师资等三种类型的师资中，综合型师资最能提高学生的创业水平。但目前的高校创新创业教育中，无论是理论型师资、实践型师资还是综合型师资，都缺乏真正优秀的师资力量，其原因在于，创新创业教育师资的"兼职"性强，不能满足创新创业教育实践的需求。而"兼职"的教师，特别是校内兼职的教师大多是来自学校行政人员、辅导员和部分相关专业领域的教师，理论性强于实践性，当然也就更难以达到综合型师资的标准。针对这个问题，广东外语外贸大学课题组在 2016 年1—3 月所做的调研也提供了具有一定参考价值的答案。目前，从事创新创业教育的教师自身曾经参与过创新创业的，仅占 44.44%。如此的创新创业教师来源，不仅在一定的意义上降低了高校创新创业教师应有的专业化程度，更为关键的是，使得创新创业教师队伍本应该具有的创新创业实践经历在整体上被削弱了。因此在教学实践中，他们面对学生的一系列追问，比如"老师你创业过吗？""老师你创个业给我们看看"等，常常感到恐慌，底气不足。

（3）相关专业领域的专职教师对将创新创业教育与专业教育相融

合的认识有待深化。本来，从世俗的观点来看，一项紧迫的事业最为缺乏的资源如果短期内无法得到自然增长的话，就应该"就地取材"或者"就近取材"，对现有的资源进行转化，从而满足实践的需要。具体到创新创业教育，也就是在人们习惯上认为与创业有关的、较为成熟的专业领域如企业管理、财务、投融资以及一些理工科专业中进行专业教育与创新创业教育相融合的尝试也许能够又好又快地解决问题。但是，目前看来，从事专业教育的教师本身缺乏创新创业意识，当然也就难以在日常的专业教学过程中对学生进行有效的创新创业教育。我国的高校在日常的教育活动中并没有充分地调动专业教师在创新创业方面的积极性和主动性，在日常的教育活动中教师自己缺乏创新创业意识和思维，因此，不仅导致应该参加到创新创业教育活动中的教师在数量上远远不足以满足实际的需要，而且也致使专业教师在教学活动中所指导的学生在学习的过程中缺乏一个在专业中发现创新创业可能的积极性和主动性。

（4）校外创新创业导师的作用没有得到充分发挥。各高校基本还没有建立起一套科学的创新创业导师的管理制度。一是准入不严。缺乏校外创新创业导师的遴选标准和制度。所聘导师往往是相关人员的私人关系、圈子里的朋友、熟人。虽然所聘导师基本都是企业的董事长和总经理，但是很多导师不知道怎么给学生讲。二是管理不够。没有将创新创业导师纳入学校"人事制度管理"的范畴。岗位职责不明，也缺乏监管、考核和激励。三是辅导随意。所聘导师本身是企业家，事务繁忙，抽不出时间，一些人即便来了，也只是概略地讲讲创业经历和人生感受，随意性较大，效果不理想。四是作用不明显。发挥作用的方式单一，一般是通过讲座等方式为学生讲授创业经历、传授创业经验，学生在便捷地寻求到创新创业导师的帮助方面还存在困难。

作为高校创新创业教育的核心资源之一，师资力量作为"人"的因素，是核心资源体系中最为能动的一部分。正所谓"没有教不好的学生，只有不会教的教师"，从现阶段来看，教师的"不会教"是一个需要克服的关键性问题。尽管这个问题在创新创业教育的初始阶段必然会出现，但是从各个途径来完善师资的建设，不仅有利于创新创业教育的发展，也会为国家的高等教育事业做出不可估量的贡献。在社会的各个工作领域，培养本土化的兼职类创业师资是丰富高校创业师资队伍的重要途径。当前地方高校开展创业教育的途径除了开设选修类的创业教育课程，就是聘请企业家进行创业讲座。这些企业家作为外聘创业导师，相比学校专业教师来说，企业工作经验充足，了解企业面对困境的解决途径、岗位创业的现状以及存在的问题等，弥补了专业教师缺乏企业工作经验的缺陷，能够极大地提高学生了解和参与创业的兴趣。而兼职创业导师的本土化，有利于结合本土实际情况，且为结合实践进行创业教学提供便利条件。结合系统论的观点来看，构建一支优秀的创业师资队伍，还要注重师资队伍的及时完善和补充新鲜的血液。创业师资队伍是一个动态的、开放的、不断发展的队伍。不仅要注重对师资队伍建设的前期规划和培养，还要定期对创业师资队伍进行调研评估。及时地评估、反馈，能够帮助发现师资队伍在建设过程中的问题，从而制定相关的政策完善队伍建设。

除此之外，要注重师资建设的时代性和长远性。目前创新创业教育在我国处于初级发展阶段，各方面建设还不成熟，在建设和发展过程中，要跟上时代的要求，定期对创业师资队伍进行培训，包括外派到其他院校进行学习交流、补充企业实践经验以及创业心理辅导知识等，提高教师的知识水平和实践能力。

在《国家中长期教育改革和发展规划纲要（2010—2020）》中，教育部第一次将人才培养作为未来长期执行的政策，同时地方高校在教学宗旨上也将人才培养以及创新培训作为教育的重要方向，并且投入师资力量以及资金进行对创新创业教育的培训和支持。作为创业培训而言教师占据主导地位，教师在一定作用上能够对学生进行指导和培训。所以增强教师的教研能力对于促进创业培训的有力发展是十分必要的。此外，教师的教育观念和教学行为在一定程度上影响着学生的学习思想和未来规划。创业型师资队伍的建设，便于教师在实际教学过程中，潜移默化地传授创新创业的思想观念，帮助学生开拓就业视野，形成自主择业和创新创业的意识。创业师资队伍建设，在一定程度上能够帮助改善当前 KAB 课程的不成熟现象，加强对 KAB 课程的本土化研究，从而更好地完成创新创业教育本土化的目标。

第三节 "双创"时代：大学生创新创业教育的新路径

一、变革大学生创新创业教育理念

在高校全面推进创新创业教育，一个最基本的前提是明确创新创业教育的概念。有学者认为，将创新创业教育作"狭义"与"广义"两种界定，而且多从广义理解来定位中国的创新创业教育，"这样的理念四平八稳，看似公允且符合实际情况，但是仔细思辨，这样的理解实在有失偏颇并且让中国的创新创业教育无所适从、左右摇摆，对高校的创新创业教育产生了明显的误导"。为了解决这一问题，该学者明确提出："创业教育就是培养未来企业家的教育。"① 这一学术主张观点鲜明，论证有力，很有说服力。但是这种学术观点在正确地反对了将创业教育"泛化"为素质教育的同时，也不可避免地暴露自身存在的主要问题，那就是把创业教育"窄化"为"培养未来企业家的教育"，"培养未来企业家"只是创业教育的目标之一，把它作为创业教育的全部，就显得有失偏颇。虽然将企业家作为企业家精神的物质载体无可厚非，但是也不能忽略其他主体依然有可能成为企业家精神载体的事实。

创新创业教育就是要努力做到"素质型"与"职业型"创新创业教育的统筹兼顾，这并不是为了"四平八稳"，而是根据中国国情采取的实际措施。这个基本的国情就是中国的创新创业教育缺少大、中、小学一体化的科学衔接，缺少启蒙教育的基础和准备，使得高校创新创业教育不得不补上本应该在中小学进行的启蒙课程。相对于美国从

---

① 杨利军. 关于高校创业教育的目的与定位问题的探讨 [J]. 中国电力教育，2011（8）.

小学就开始的全民创新创业教育来说，中国高校创新创业教育是在巨大的大学生就业压力下快速启动的，这是在改革开放以来中国快速发展，用 30 年的时间走过西方 300 年路程的大背景下，中国高等教育改革的总体趋势使然。这种"急就章"确实使中国高校创新创业教育获得了非常大的初始速度，但是，经过一段时间的快速发展之后，需要我们认真反思发展中出现的问题，在"素质型"与"职业型"创新创业教育之间做出平衡，在反对"泛化"的同时反对"窄化"，走一条看似"四平八稳"实则富有实效的现实道路。创新创业教育实现了对"素质型"和"职业型"两种教育类型的更大包容性和整合性。它以培养具有开创性的个人为主体目标，一方面广泛开展素质教育，培养学生在现在或将来的岗位上创造性的工作或服务、创造性思考与解决问题的素质；另一方面深入开展职业教育，培养学生创造就业岗位或创办企业实体的能力。这种创造性的包容和整合既具有"素质型"创新创业教育的高度，也具有"职业型"创新创业教育的深度，二者的完美结合与充分兼顾，使创新创业教育融入高校人才培养、科学研究、社会服务、文化传承四项主体功能之中，发挥应有的作用。

二、促进高校创新创业教育系统的关键要素

（一）大学生自身

面对教育优先发展的大气候，面对新世纪人才需求的总态势，传统教育模式已经远远滞后于形势的发展。如何把握育人思路、拓展教育改革的新氛围、培养新世纪"四有"人才，成了当今创新创业教育领域当务之急的探索课题。

要适应大学生创新创业教育的挑战，既要培养受教育者的科学文化素质，又要培养他们的生存能力；既要有健康的个性，又要有群体意识，不能过分地强调个性发展，忽视集体主义教育，削弱群体意识，影响个体的正常发展。在全面实施素质教育过程中，应通过有目的、有计划的群体意识教育，塑造现代人的完美人格，使青少年一代树立科学的世界观、正确的人生观和价值观，追求集体主义的崇高理想，

具备良好的思想修养和道德文化素质。

随着改革开放的不断深化，人际间的交流与合作日益广泛，要求人们保持良好的竞技心态，不仅需要有参与竞争的能力，还要有合理的生活空间。群体意识教育就是促使个体在德、智、体、美、劳诸方面的全面发展，自觉维护这个合理的生存空间。群体意识就是一个群体共同具有的精神状态和思想面貌。群体意识的形成，可以保证大学生创新创业之间的和谐相处、互相协作，在共同学习探讨中丰富文化知识，发展思维能力，培养观察、想象和创造能力。

在大学生创新创业参与的集体活动中，逐步引进竞争机制，促进自我提高，竞争离不开集体，集体需要引进竞争机制而增强活力。一方面，自我提高需要得到集体的支持与鼓励，学校必须创造机会，提供发挥每个大学生创新创业的场所来实现大学生的人生价值；另一方面，从强烈的集体荣誉感和自豪感与集体的关系上看，没有集体荣誉感和自豪感便没有集体的凝聚力，要培养每个大学生创新创业荣誉感和自豪感。教师要成为大学生创新创业善解人意的朋友，做学生的楷模和良师益友。

（二）教师

因为高校创业教育的教师普遍会遇到这个问题："老师你教创业，有本事你创办一个给我们看看。"未来几年，高质量创业师资短缺将成为阻碍我国高校创业教育发展的主要"瓶颈"。教育部文件提出要"明确全体教师的创新创业教育责任""配齐配强创新创业专职教师"，2017年就要普及创新创业教育。普及型的创业教育对师资需求巨大，而高校创业教育教师的创业能力又普遍较弱，矛盾突出。现今高校创业教育的教师主要是由有着企业管理或战略管理理论背景的教师或从事思想政治、就业指导、团委等工作的教师初步转型而来，因此构建专业化的、强创业能力的高校创业型师资队伍是促进创业教育系统良性循环的另一关键要素。

三、加强大学生创新创业法律教育

市场经济本质上是法制经济，一个创新创业者进入市场，如果了解相关法律，按照游戏规则操作，就可以很快被市场接受，并得以运营、发展；反之，如果一个不懂游戏规则的创新创业者进入市场，他必然要交更多的"学费"，这对于社会资源并不丰富的大学生创新创业者来说无疑是致命的。因此，加强创新创业法律教育表现在以下方面。

（1）提高创新创业竞争力。市场经济的法制性要求市场主体在进行经济活动时必须遵守相关法律规定，否则就可能引起不利的法律后果。如果一个创新创业者没有掌握相关法律知识，不了解相关规定，很难想象这样的创新创业者在市场经济条件下会付出什么样的代价。在市场经济条件下，法律是国家进行市场调节的一项重要手段，一个敏感的创新创业者就能从中看到国家在扶植、鼓励哪些行业，限制哪些产业，从而更好地发现商机。国家对于大学生创新创业出台了一系列税收减免、贷款等方面的优惠政策，如果了解这些政策，就能很好地解决大学生创新创业中普遍存在的一些弱项，走好创新创业的第一步，从而提高竞争力。

（2）降低创新创业风险。市场主体在活动的过程中会存在各种各样的法律风险，有时法律风险甚至会大于市场本身带来的风险，很多企业都有过相关教训，因此而导致失败的例子也屡见不鲜。作为成熟的市场主体，基本都能够掌握如何尽可能地降低法律风险。如果缺乏足够的法律知识，就难以降低法律风险，势必会陷入各类陷阱中，付出相应代价。而作为大学生创新创业来说，由于其资金薄弱、规模较小、抗风险能力差，这势必会严重影响企业经营，甚至直接导致创新创业失败。因此，只有在创新创业教育中让大学生全面了解相关法律，提高预防和解决纠纷的能力，才能降低法律风险，提高创新创业成功率。

（3）避免误入歧途。有人认为，创新创业寻找商机，必然要打法律的"擦边球"，如果都中规中矩，就很难成功，甚至认为这是资本原始积累的"原罪"。在我国改革开放初期，由于法制的不完善，确实给一些人以可乘之机，但是随着市场经济体制的进一步发展，早已不是那样的时代了。作为大学生创新创业者，由于其正处于青年期，社会经验不足，心理发育还没有完全成熟，但是社会是复杂的，创业中遭遇的各类诱惑更是多种多样的。如果大学生创新创业不能了解相关法律知识，没有良好的法律修养，缺乏法制意识，就很可能误入歧途，甚至走上违法犯罪的道路。

第六章 "双创"时代大学生创新创业
教育融合发展新策略

第一节 专业教育与大学生创新创业教育的
深度融合

专业教育服务于社会经济的能力不断增强，但同时我们也看到了专业教育的发展与社会需求的吻合度还有一定的差距。2010年5月教育部提出了："高等学校要更新教育教学观念，将创新创业教育面向全体大学生，纳入教学诸渠道，结合专业教育，贯穿于人才培养全过程"，因而创新创业教育作为一种新的高等教育理念进入了职业教育中。创新创业教育与专业教育的培养模式"工学结合、校企合作"改革要求是一致的，这就为依托专业教育开展创业教育搭建了平台。因此，院校专业教育与创新创业教育如何融合，对此策略进行研究就显得尤为必要。

一、专业教育与创新创业教育的发展现状

联合国教科文组织的相关负责人在"21世纪的教育国际研讨会"上，提出关于青年创新创业教育，应该与学术教育和职业教育得到同样的重视。"大学生的创造能力和创业精神在高等教育要得到重点培养"，《中共中央国务院关于深化教育改革全面推进素质教育的决定》曾这样列明。在2002年的"创新创业教育"试点工作会议上，与会专家和教育部领导讲到，在接下来的几年里，将重点研究和发展高等创新创业教育，创新创业教育会作为素质教育的一个重要课题来推广。他们认为，培养企业家的创新精神正是高等创新创业教育的核心所在。时至今日，创新创业教育的理论研究已经取得了一定的进度。

对于创新创业教育的研究，目前只是认为创新创业教育是就业教育的一部分，这还远远不够。接下来应该单独开展创新创业教育的课程或者活动，通过开展培训班或创业竞赛活动等，来提高各院校的学生们创业的积极性。创新创业教育想要并入高等院校的育人体系，融入专业教育当中，则需要详细列出人才培养计划。创新创业教育运行机制与专业教育的有所不同，它们的管理权力归属于院校的不同部门，教务处负责管理专业教育，而创新创业教育归学生处或思政处管理。如此分而治之，学生以选修课的方式参与创新创业教育，所接受到的教育程度就会有很大差异。所以，只有明确了培养和教学的目标，才能保证创新创业教育与专业教育的接轨。

二、专业教育与创新创业教育融合的意义

专业教育与创新创业教育的融合有着重要的意义，这与国家高等人才培养的目标是一致的。

（一）增强学生的竞争能力

高等教育的改革要求是"工学结合、校企合作"，并且专业教育提倡创新教育和创造教育，所以将创新创业教育融入专业教育中，符合发展要求也顺应教育时代。深化的专业教育可以具体表现为创新创业教育。在经过创新创业教育的培养后，学生的交流能力和与他人合作的意识都会有所增强。当学生的创新能力和创造能力在创新创业教育的培养中被提高时，那么他们参加社会工作后，自身的竞争能力也会被大大提高。

（二）扩大学生的就业路径

现在高等院校的学生毕业后，就业问题越来越严重了，而自主创业应该是毕业生的不二选择。自主创业不仅会给创业者们带来可观的财富，同时可以缓解社会的就业压力。将创新创业教育融入专业教育后，学生会学到很多基本的创业知识和技能，学生的创业竞争能力也会随着自身素质的培养过程而有所提高。在就业的过程中，具有企业

家精神的学生就不会仅依赖于所在的企业生存下去。当他们发现自己所在的岗位并不适合自己的时候，还是会选择自主创业这条道路，而自主创业又可以解决其他毕业生的就业问题，如此即可进入良性循环的状态。

（三）提高院校持续的生存发展能力

由于经济受到全球一体化的影响，人才竞争成了各国相互之间最重要的竞争资源，所以在我国的人力资源需求上，除了原本必备的高素质专业型人才以外，现在更紧缺的是敢于开拓创新的创业型人才。为了能够满足人力资源市场的需求，各高等院校把创新创业教育逐渐融入专业教育中，在人才培养方面，也开始重视专业知识和专业技能的同时，着重培养高素质人才的创业精神和创业能力。在保证自身的持续生存和发展的基础上，高等院校也在以多种教育类型一起开展的模式，来应对越来越激烈的国际竞争。

三、专业教育与创新创业教育融合的有效路径

高等院校培养创新创业人才，将专业教育与创新创业教育融合可采用以下路径。

（1）优化人才培养方案。高等教育为了获得全面发展，需要将创业教育的培养方案融入专业教育的行列，做到高等人才在接受的培养过程中，创新创业教育与专业教育是同步进行。创新创业教育能够和专业教育进行结构性融合的前提是，创业化教育的人才培养方案需要进一步优化。创业型人才的培养应该在高等教育中，获得与技能型人才培养的同等位置，在人才培养方案中要明确地列出创业精神和创业能力的培养规格，保证在专业教育的课堂上有创新创业教育的一席之地。

（2）深化课程体系的改革。创新创业教育能否顺利地融入专业教育当中，课程体系的改革起到了决定性的作用。教务部门为了完成高技能人才的培养目标，会根据不同的专业要求来构建课程体系。创新创业教育课程体系的构建应该是按照学生的不同需求，开设不同岗位

的培训课程，然后在不影响现有专业教育课程培训效果的前提下，把这些创业培训课程插入其中。在今后的社会发展进程中，为了使所培养的学生能以最快的速度适应社会的需求，并能创造出新的工作岗位，课程体系的改革重点将会放在培养学生创业精神和创业能力上。

（3）培养适合创新创业教育的师资力量。在创新创业教育融入专业教育的过程中，师资力量的投入是关键环节。只有适合创新创业教育的师资力量得到了校领导的重视，老师们逐渐开始培养学生们的社会适应能力，当整合了校内有限的专业教师和创业教师的资源后，对于学校今后的发展和生存是非常有利的。如果老师们的思想认识提高了，那么教师们会重点培养学生的创业精神和理念，通过具体的实践课程把创新创业教育的任务融入专业教育的教学过程中，最终学生的创业意识就会提高。在教师资源培养方面，应该多给予专业教师提供与企业家或创业成功人士相互沟通交流的机会，从实践活动中体会开展创新创业教育的理论和方法，由此来壮大创新创业教育的教师队伍。经过一段时间的摸索和实践后，专业教师掌握了一定的教学经验，就可以把创新创业教育的知识融入专业知识的课堂中，高等院校的学生们接受了这样的教育内容后，自身的创业意识或者社会竞争能力就在无形当中被提高了。

（4）开展创业实践活动。创新创业教育的教学工作，需要与社会生产实践相结合，在校内加强培养学生的专业知识和技能的同时，校外应该建设相应的创业实训基地，来开展创业实践活动。另外，创新创业教育的老师应该把企业的业务流程带到教育课题中，与学生一起制订实训计划，通过实际的锻炼过程，让学生体会创业相关工作。当同学们参与社会实践活动时，他们更愿意关注一些典型的创业案例和创业成功人士的经历经验，受到大量的鼓舞后，自己的创业热情就会被激发。其实，现在有的学生已经开始尝试项目代理或开创网店，通过简单的创业体验，逐步去实现自己未来的创业梦想。

（5）引导校园文化氛围。高等院校里的校园文化氛围始终影响着学生们的思想观念和行为方式，浓郁的创新创业文化氛围会很好地引导学生们朝着创业的方向发展。所以，学校应该发动全校师生多组织一些技能比赛或社团活动，同时在学校的宣传报道方面给以相应的支持，并对表现突出和成绩优秀的学生进行嘉奖表扬，用以鼓励更多的学生参与到这些有关创新创业的活动当中。营造出良好的文化氛围，有利于学生树立坚定的创业观念，也可以在这些实践活动当中促进创新创业教育与专业教育的融合。

（6）建立新的考核评价体系。为了保证创新创业教育顺利地融入专业教育，高等院校应该考虑调整传统的考核评价体系，新的考核评价体系不仅要对教师进行考核评价，同时也应该考虑对学生提出考核评价的标准。要把教师的教学内容以及培养学生创业精神的相关工作等纳入考核评价中，同时制定鼓励性的教育政策，当老师的评聘和报酬等问题与考核体系挂钩后，教师们参与创新创业教育的积极性就很好地调动起来。当然，对学生的考核评价也要建立健全，学生日常训练的成绩和他们参加实践活动的时间，可以很好地反映出技能水平和创业能力的高低。为了提高学生的创业能力，更好地鼓励他们积极参与创新创业教育活动，创新创业教育的考评制度中，与学生的奖学金申请和优秀评测标准相结合，这不失为一条良策。

综上所述，专业教育与创新创业教育的融合，非常有利于高等教育的发展。为此，需要我们发动学校和社会，共同制定长远的教育策略，为培养出更多的有用人才，来推动两者共同建立我国的教育事业。

随着我国高等教育对职业教育的重视，中国高等职业教育在近年得到了迅猛的发展，许多高等院校蓬勃发展，设置了针对市场和社会发展的专业，培养出大批社会需要的人才，也得到社会的充分肯定。但高等职业教育在自身发展的过程中也面临着诸多问题，这其中就包括学生创业能力的培养问题。如何保证和提高教育质量，提高学生的创业能力，实现职业教育与创新创业教育的深度融合，促进高等教育的健康持续发展，已成为高等教育面临的现实而具体的问题。

（一）创新创业教育与专业教育深度融合存在的问题

目前高等院校创新创业教育正在逐步开展，但创新创业教育与专业教育的融合过程中还存在着一些问题。

（1）高校领导认识的片面性。部分高校领导对创新创业教育的认识不全面，认为创新创业教育是在学院成立一个创业部门，具体事务交由这些部门办理就可以了。甚至把创新创业教育就交给某一个部门来完成，比如交给学院校企合作办或学院创业中心，这些部门只能从部门层面开展创新创业教育，没有对创新创业教育进行学院层面的整体规划，无法保障创新创业教育在学院整体开展。这样势必造成没有大局和整体观念，没有在全院推行和开展创新创业教育的活动，造成了创新创业教育的局限性。

（2）管理层重视度不够。学院管理层自身对创新创业教育没有深刻的认识，对创新创业教育的重视不够，没有将创业型人才培养的创新创业教育纳入学院整体人才培养规划和学生的培养方案中。导致学院的创新创业教育没有渗透到具体的教学活动中，更无法完成创新创业教育在专业教育中的开展与融合，学生的创业能力无法在专业教育中得到培养和发展。

（3）教师教学中践行力度不够。领导层和管理层对创新创业教育的认识不足，重视不够，导致教师在教学活动中的实践践行力度不够。教师甚至认为创新创业教育与自己无关，应该由创新创业教育中心去完成，自己只教基础课或专业课的内容就可以了。教师在基础课程、专业教育的教案备课中，没有从创新创业教育的角度去准备，没有培养学生创业能力的意识，这就造成了专业教育与创新创业教育的脱节。

（二）高等院校创新创业教育与专业教育深度融合的途径

在教学实践中，高等院校不断地总结摸索创新创业的方法、路径，在总结高等院校创新创业教育与专业教育融合存在问题的基础上，可以寻找解决融合的途径。

（1）领导层重视。这里的领导层指高等院校的党委常委。一所高等院校只有从领导开始重视创新创业教育，把创新创业教育的工作当作学院教学工作的重点来抓，才能引导学院教学工作的方向围绕创新创业教育来开展。首先从思想层面重视，领导要在学院全体教学大会上反复强调在高等院校开展创新创业教育的重要性；其次在行动上落实，领导要求学院各管理部门把创新创业教育的工作落实处；最后注重结果监察，领导对学院开展创新创业教育的情况要进行监督、考察。

（2）师资队伍的建设。学院开展创新创业教育就需要有创业经历的教师，才能培养有创业能力的学生。因此学院人事处要把好师资队伍建设这一关。在学院专任教师的培养上要顶岗实践的要求，注重培养专任教师的实践经验。对兼职教师和外聘教师，要选择企业、行业的优秀人才，对他们进行教学的培养，使他们能够把企业行业的工作经验和本人的教学能力结合起来，更好地培养学生的创业能力。

（3）教学管理层推进。教学管理层主要指学院教务处，一般学院的教学都是由教务处管理的。教务处负责规划设计学院整体的人才培养方案，要把专业教育与创新创业教育的融合教学方案纳入学院的人才培养方案中。同时，要求各系部在教学规划中要有专业教育与创新创业教育融合的计划和安排，并定期检查方案的实施进度与实施结果。最后通过第三方对学院毕业生的跟进，调查学院对学生专业教育与创新创业教育的融合开展是否得当，学生是否具有了一定的创业能力，以此来修改和调整学院专业教育与创新创业教育融合的计划。

（4）教学层面的设计。各系部要深化教学中专业教育与创新创业教育的融合，具体体现在深化教学内容和课程体系的改革上。要求各学科教师在基础课程、专业课程中都要写进创新创业教育的内容，要思考如何从本学科创新创业教育的方面进行教案的编写和备课，从而在授课中更好地从本学科创新创业教育的方面引导学生，使创新创业教育的意识渗透到学生的心里，从各方面培养学生的创业意识和创业能力。同时要开展一定学时的创业实践活动，提高学生的创业实践能力，真正实现对学生创业能力的培养，完成专业教育与创新创业教育的深度融合。

（5）人才培养过程监控。学院要建立人才培养的监控体系，比如督导室等，主要负责创新创业教育教学计划和教学工作的落实。系部要坚持领导、教研室听课以及教师相互听课制度，以便及时深入地了解和研究教学工作中有关专业教育与创新创业教育融合开展的新情况、新问题，并提出解决方案。成立以系领导为组长的教学质量督查小组，亲自抓教学质量。要把教学工作检查作为主要的日常工作，安排不定期的教学课堂巡查，系领导要经常深入了解教学第一线创新创业教育的调查研究，发现问题及时提出改进思路和措施。

（6）培养质量反馈。按照教学计划完成了创新创业教育的过程之后，可以请第三方单位对学院毕业生在企业、事业单位工作中的创新创业能力进行调查。学院收集反馈数据后，要交予学院质量监控办公室分析，找出学院在开展职业教育与创新创业教育人才培养方案中存在的问题，并及时由学院教务处研究调整人才培养方案，同时联系学院各系部，由系部讨论制定教师的授课计划和实践方案。通过一整套的方案调整，及时改进专业教育与创新创业教育的实施措施，以保障学院学生创业能力的提升。

总之，高等院校创新创业教育要更好地开展，就要真正实现创业教育与专业教育的深度融合。

四、专业教育与创新创业教育融合发展对学校师资队伍的要求

创新创业教育对学校的师资队伍提出的要求与传统的专业教育有很大不同，它主要是通过教授学生创新创业知识，来培育学生的创新创业精神。创新创业教育过程中，教师要做到以学生为中心，在不同的学习环境里，自己以组织者或指导者的身份来帮助和促进学生发挥其主动积极性，使得学生能灵活掌握和运用所学的知识。多层面人才培养目标和多层次创业课程体系对高等院校的教师提出了新的要求。教师既要有专业基础知识还要有在企业工作的经历与经验，配置师资的多元化才能适应多层次的创业课程体系要求。多元化的师资队伍要求师资来源的多元化和师资教育技能的多元化。

（一）多元化需求下的"双师型"师资队伍建设

由于高等院校发展对多元化教师的需求，教育部在《高等高专人才培养工作水平评估方案》中提出高等院校要建设一支"双师型"的师资队伍。对高等院校"双师型"教师的数量提出了要求，其中"优

秀学校"专业基础课和专业课教师中"双师型"教师比例要达到70%；合格学校应达到50%。显然，目前许多高等院校"双师型"教师的比例与教育部要求的比例存在着较大的差距。因此，加强"双师型"教师队伍的建设是各高等院校教师队伍建设的一项重要而紧迫的任务。

1. 高等院校"双师型"师资队伍建设现状与问题

近年来，高等院校根据专业建设和人才培养需要，引进与培养并举，深入推进教师队伍建设。通过专业教师进企业实践、与企业联合项目研发等途径，双师素质教师的数量与质量均得到了明显提高；通过聘用企业技术、管理骨干或能工巧匠等途径扩大了兼职教师队伍；通过专业带头人业务培训、骨干教师校本培训，提升专任教师的职教理念和职教理论水平；通过鼓励考研考博、科技创新等途径，教师的学历层次、职称结构也有大幅提升。经过几年的建设，高等院校师资队伍建设初显成效，师资队伍的数量、质量和结构均有了较大变化，为高等院校人才培养、专业建设、教学研究、社会服务提供了有力的人力资源保障。

高等院校师资队伍建设虽然取得一定成效，但与教育部关于高等院校内涵建设的可持续发展要求和省示范院校的要求还存在着差距。主要表现为高级职称教师比例偏低；"双师型"教师的比例和兼职教师的质量与国家、省示范院校建设标准还存在一定的差距；高水平的专业带头人还不足；教师实践教学能力有待进一步提高，尤其近几年新引进的年轻教师，缺乏实践工作经验和专业实践技能；师资队伍激励机制有待进一步完善；人事制度的改革有待进一步深化。高等院校现有的师资队伍的数量和质量，都不能满足创新创业教育的需求，具体分析可以看出以下几个问题。

首先，创新创业教育教师不具备专业的教学资格。由专业教育转入创新创业教育的老师，没有创业的实践经验，给学生教授的创业课程缺乏针对性，所能做出的指导仅限于对创新创业教育理论上的基础研究。

其次，高等院校对教师的职业化程度规划不够。创新创业教育是由高等院校的指导部门负责开展工作，创新创业教育的教师没有具体的归属部门管理，甚至创新创业教育的专业教师的发展计划并没有纳入师资队伍的整体规划中。

（3）现有的教育管理机制中，不存在鼓励教师从事创新创业教育的条例。创新创业教育专家化的教师应当具备社会学和管理学等各方面的专业知识，而高等院校的专业老师们虽然有崇高的敬业精神，但是对专业知识的掌握相对较少，而学校对老师的培养和激励又跟不上，所以导致了创新创业教育的老师们很难成为专家化的教育人才，所处的教育环境也不利于创新创业教育的实施。

因此，建设强有力的创新创业教育师资力量，对于培养高等创新创业人才至关重要。高等院校的教育实施相对比较灵活，短时间内也可以培育出一批社会需要的职业人才，具有集高等教育和职业教育于一身的特点。所以，创业创新教育加入高等职业教育的行列当中，既可以丰富素质教育的内涵，又可以创新职业教育的方式。为了探索出高等职业教育的发展新方向，应该把培养学生的创业能力和创新精神作为一种教育理念，来体现高等教育的特色。

在中国教育新的发展阶段，创新创业教育被提上了重要议程，这将改变高等教育的传统人才培养模式，新的历史使命将会使高等教育朝着更加科学的方向发展。教育教学活动的组织和实施依靠的是教师队伍，他们向广大学生传播知识文化，并且树立了人才培养的理念，是培养创业人才的中坚力量，所以培养创业师资有利于教师队伍的持续发展。

为了满足创新创业教育理念的需求，高等院校的教师自身所具有的工作经验和综合素质，还需要进一步地提高，在学校和社会共同配合的情况下，建立全面落实创新创业教育教师成长理念。

2. 创新创业教育指导下全面落实教师成长理念

2002 年教育部在"创业教育"试点工作中开始提出创业教育是素质教育的一个重要方面；政府从中央到地方在引导和鼓励创业方面提供了很多政策支持，大学生创业面临着很好的政策环境支持。《中共中央、国务院关于深化教育改革全面推进素质教育的决定》中指出：

"高等教育要重视培养大学生的创新能力、实践能力和创业精神，普遍提高大学生的人文素养和科学素质。职业教育和成人教育要使学生在掌握必需的文化知识的同时，具有熟练的职业技能和适应职业变化的能力。"2015 年教育部《高等职业教育创新发展行动计划》（2015—2018 年）明确提出：要加强教师队伍建设。要求高等院校要围绕提升专业教学能力和实践动手能力，健全专科高等院校专任教育培养和继续教育制度。推进高水平大学和大中型企业共建"双师型"教师培养培训基地，探索"学历教育＋企业实训"的培养办法；完善以老带新的青年教师培养机制；建立教师轮训制度；专业教师每 5 年企业实践时间不少于 6 个月；增大职业技术师范院校的教师能力培养力度；加强以专业技术人员和高技能人才为主，主要承担专业课程教学和实践教学任务的兼职教师队伍建设。支持专科高等高等院校按照有关规定自主聘请兼职教师，学校在编制年度预算时应统筹考虑经费安排；加强兼职教师的职业教育教学规律与教学方法培训；支持兼职教师或合作企业牵头教学研究项目、组织实施教学改革；把指导学生顶岗实习的企业技术人员纳入兼职教师管理范围；将企事业单位兼职教师任教情况作为个人业绩考核的重要内容。兼职教师数按每学年授课 160 学时为 1 名教师计算。在有关民族地区加强。

（二）"双师型"教师队伍建设

按照这些高等院校人才队伍建设规划等文件精神，根据创新创业教育指导，要培养高素质技术技能型人才对师资队伍的要求，高等院校应全面贯彻落实教师成长理念，搞好"双师型"师资队伍的建设。结合职业教育教师培养的实践，可以从以下培养步骤实现教师多元化来源，培养创业教师逐步成长：以教师成长平台体系为依托；以培养专业带头人为突破；以培养骨干教师为抓手，以协同培养兼职教师为策略；以校内外双师素质教师培养为核心，做好校内专业教师双师素质提升、兼职教师的聘任与培养。不断调整优化师资结构，创新教师队伍教育管理机制，坚持培养与引进并重、能力培养与学历学位提高并重。通过校企互动，建设一支结构合理、素质优良的"双师型"教师队伍，以适应高等创新创业教育发展的新要求，为实现高等院校教育事业发展目标提供人力资源保障。

（三）高等院校"双师型"师资队伍建设的策略

创新创业教育不仅是为了培养学生的就业和创业能力，它也要注重培养学生的职业道德和职业技能，因为创新创业教育是要面向社会，是为社会提供有用的人才。纵观我国高校的现有情况，创新创业教育体系的建设较为落后，虽然有些院校开展了创新创业教育课程，但是没能融合到专业教育课程中，仍旧处于独立的状态。处于形式化阶层的创新创业教育，离开了专业教育的课程，也不会培育出优秀的创业人才。造成这种现象的主要原因，就是缺乏强有力的"双师型"教师资源。为了将专业教育与创新创业教育有机结合，"双师型"师资队伍的建设对于各高等院校来说特别重要。高等院校应该加强建设"双师型"师资队伍，实现师资来源的多元化和师资教育技能的多元化。按照创新创业教育目标要求，高等院校"双师型"师资队伍建设的培养模式有多种。

1. 以培养专业带头人为突破

（1）重视专业带头人的选拔与培养。制定高等学院专业带头人遴选与管理办法，选拔校内专业带头人进行重点培养，确保每个专业都有校内专业带头人：通过制度建设，强化对现有专业带头人和具备专业带头人培养条件的教师进行培养。所属部门每年提供专业带头人专业调研机会，有针对性地学习借鉴示范院校人才培养模式改革、校企合作、师资队伍建设等方面的办学理念和成功经验。

（2）加大专业带头人的引进力度。由于各高等学院师资队伍状况的不同，以及在专业和课程建设上对人才的需要也有所不同，所以人才引进机制在具体工作中，应该得到相应的规范和完善。通过调整人才引进的优惠政策，来拓宽引进渠道和加大引进力度。对于重点专业和特殊人才，应给予特殊的工作待遇，也可以使用破格录取的措施，来保证"双师型"专业人才对职业教育所做出的贡献。

（3）聘用与培养兼职专业带头人。规范行业企业兼职专业带头人的聘用，与校内专业带头人配合，实施校企互动的双专业带头人制。兼职专业带头人原则上须是行业企业有一定影响力的专家，在职业技术应用方面具有精湛的专业操作技术和开拓性业绩，得到同行认可。高等学院将制定优惠政策，聘用兼职专业带头人参与专业建设。

2. 以培养骨干教师为抓手

（1）确保骨干教师质量。具有双师素质，在本专业领域既具备扎实的基础理论功底，又有丰富的工作经验，这样的教师骨干对于高等院校的教师队伍是很重要的。所以，为了保证骨干教师的质量和数量，理应重点培养那些熟悉行业和企业动态又具有教学能力的教师，并且在固定的年限内对骨干教师进行选拔，提高每位老师的工作积极性。

（2）提高骨干教师素质。通过选派骨干教师到职业教育发达国家或地区研修，学习先进的办学理念和职业教育理念、课程开发模式、教育教学方法和先进的技术，开阔他们的国际视野，提高他们的课程开发能力、专业水平和业务能力。通过组织骨干教师参加国内关于职业教育理念和教学能力提升的各类培训，学习新技术，并取得相应职业资格证书，积极参与社会服务和应用技术项目的开发。通过安排骨干教师到企业进行顶岗实践锻炼，在完成实践项目的基础上，通过实践周记、校企双重考核，强化岗位认知及专业技术能力的培养。

3. 协同培养兼职教师为辅助

（1）规范兼职教师的聘任与管理。进一步规范兼职教师聘任资格并逐步建立行业企业兼职教师教学档案：探索"校企双向互聘"机制，即企业向高等院校派出兼职教师，高等院校向企业派出访问工程师，以校企互动、协同共建的方式，稳定兼职教师来源；要积极与企业、行业联系，建立良好的合作关系，建立一支稳定的兼职教师队伍，聘请既有实践经验又能胜任教学任务的行业专家或生产第一线的技术能手承担高等院校实践教学任务，并对教学效果优秀者给予奖励。

（2）提高兼职教师承担专业课时的比例。充分利用合作企业人才资源，建立一支由各行业第一线高素质人员组成的相对稳定的兼职教师队伍，形成校企双方人员共享、高效灵活的用人机制。提高兼职教师承担专业课时的比例，兼职教师承担的专业课时比例应达到50%以上。以后逐学期递增。

（3）提升兼职教师教育教学能力。强化对兼职教师的培养，全面提升兼职教师的教学水平。开展兼职教师教育教学能力的专项培训，包含教师职业道德、高等职业教育核心理念及教育学、心理学等课程的学习，不断提升兼职教师教育教学能力，发挥兼职教师在高等教育中的作用。

4. 以校内外"双师型"教师培养为核心

（1）提升教师社会服务能力。高等院校应制定和完善"双师型"教师认证制度，加强专业教师双师素质的认定和管理。通过制定高等学院"双师型"教师队伍建设与管理办法，强化"双师型"教师建设的制度保障。要为专业教师申请"双师型"教师资格创造条件，在政策上给予倾斜。"双师型"教师认证制度是评价和认定"双师型"教师培养的标准。为了提高教师的社会服务能力，应根据行业、职业的实际情况和职业教育的发展，把科研、技术开发和技术服务、企业兼职和实践、实训基地和实验室建设、成熟的项目团队成员、职业资格认证等纳入教师"双师型"的认定要求中。建立校内"双师型"专业教师评价激励机制：一是提高"双师型"专业教师奖励性绩效工资水平；二是将"双师型"作为专业教师职务晋升、评优的必备指标；三是对专业教师参与社会实践、社会服务、挂职锻炼的时间和经费给予制度性保证。

（2）提高教师实践能力。高等院校要制定学院教师顶岗实践管理办法，进一步明确专业教师到实训基地和企业锻炼的目标、考核办法及待遇等，使专任教师深入行业企业第一线实践制度化、规范化，为教师下企业实践锻炼提供制度保障。把具有两年以上专业相关、有社会企业工作年限的专任教师比例，作为部门工作目标任务的一项重要指标，并纳入对各二级学院、系、部绩效考核的内容。要求专业教师积极参加企业生产实践、应用技术研究项目、工程应用项目、开发应用项目、调查与对策研究项目，参加专业技能培训并考取高级技术（技能）等级证书，提高自身实践能力。

（3）建立"双师型"教师培养长效机制。借助教师成长系统，建立"双师型"专业教师继续教育的培训制度和"教师职业生涯规划"制度，把"双师型"提升纳入每一位教师的个人职业生涯规划，根据教师年龄、学历、经历等具体情况，制定继续教育培训计划，定期予以考核。鼓励教师组队承接企业项目，借助校企合作与企业联合培养专业教师，针对教师实际情况实行分类培养，对未具备"双师型"的教师要求5年内到企业顶岗实践两年以上，学院要积极派遣教师到企业顶岗锻炼。

（4）健全专任教师准入机制。应建立专任教师准入机制，落实高等学院人才引进管理办法，为学院的人才引进提供制度保障。在人才引进过程中，根据学院专业发展和师资队伍建设的需要，分批引进人才，通过向社会公开招聘、引进等方式，特别注重从生产一线引进学历层次高、实践经验丰富的专业技术人才，确保新进专业教师原则上具有3年以上企业工作经历，具备硕士以上学位或中级及以上职称，不断改善和优化专任教师队伍结构。通过各种努力，建设一支符合高等院校办学宗旨要求的"双师型"教师队伍。

（三）加强教师创新创业教育教学能力培养

党的十九大和十九届三中全会对高校创新创业教育工作做出了重要部署。深化高校创新创业教育改革，是国家实施创新驱动发展战略、促进经济提质增效升级的迫切需要，是推进高等教育综合改革、促进高校毕业生更高质量创业就业的重要举措。创新创业教育改革有利于推动高等教育教学改革创新，可以促进高等教育与科技、经济、社会紧密结合，能够加快培养规模宏大、富有创新精神、勇于投身实践的创新创业人才，并能为建设创新型国家提供强大的人才智力支撑。

1. 高等院校要明确教师创新创业教育责任

近年来，我国高校创新创业教育不断加强，取得了积极进展，对提高高等教育质量、促进学生全面发展、推动毕业生创业就业、服务国家现代化建设发挥了重要作用。但也存在一些不容忽视的突出问题，一些地方和高校重视不够，创新创业教育理念滞后，与专业教育结合不紧，与实践脱节；教师开展创新创业教育的意识和能力欠缺，教学方式方法单一，针对性实效性不强；实践平台短缺，指导帮扶不到位，创新创业教育体系亟待健全等。要解决这些问题，高等院校要明确全体教师创新创业教育责任，加强教师创新创业教育教学能力建设。

高等院校全体教师创新创业教育责任是，教师要以发展的眼光充分尊重学生的个性与差异，培养学生善于思考的良好习惯，鼓励学生的创新意识和创新行为，使其各有所长。教师还要创造机会，给学生提供展示个性能力的舞台，留给学生自由想象与发挥的空间和时间，调动学生求知的主动性和创造性。教师更要运用创新性的教学手段方法，开展有针对性的训练与实践活动，激发学生创造性，促进学生全面发展。教师只有承认学生发展的多样性与差异性，才能充分调动学生的潜能；只有尊重学生的兴趣与个性发展，才能为学生创造更多的选择机会与空间，帮助学生将兴趣与专业相结合，让学生真正地热爱学习，最终为创新型人才的培养奠定基础。因此学生创新创业教育能力的培养对教师创新创业的教学能力提出了一定的要求。

（1）对创新创业教学要有认识能力。教学认识能力包括对所教学科专业知识和教学思想、理论与规律的认识。教师的学科专业功底对其教学能力起着至关重要的作用，不学无术或少学乏术绝对难以成为好教师。因此，教师除了拥有较为丰富的学科专业知识和较高的专业科研水平之外，还要重视教学理论的研究与创新创业教学技能的培养，使自己努力成为所属领域中学有所成并仍十分活跃的学者、科学家、工程专家或艺术家。

（2）对创新创业教学要有实践能力。教学的实践能力是教师教学的基本功，主要包括理解和处理教材的能力、了解和把握学生的能力、深刻理解和熟练掌握教学内容的能力、恰当选择或创造教学方法的能力、熟练教学操作的能力和良好的语言表达能力。在教学中，教师要善于通过组织教学实践活动，启发诱导学生创新创业的兴趣，集中学生注意力；教师对待创新创业教学自身要有熟练操作的能力；还要善于运用生动活泼、流畅通达、富于感情的语言，激发学生创新创业的热情，提高学生自学能力，启迪他们提出问题的创新思维，锤炼他们分析和解决问题的能力，增强教学的艺术性和感染力。

（3）对创新创业教学要有研究能力。教学是一门学问和艺术，有它自身的性质和规律。教师要不断认真地学习，更要能在创新创业实践中坚持不懈地磨炼、研究、总结、升华，达到理论高度。学者未必是良师，教师的学科专业知识丰厚，并不意味着学生能从他那里学到渊博的知识。失去对学生的尊重与关注，缺乏对课堂的理解与把握，没有对教育理念与教学方法的研究与创造，教学就难以促进学生的全面发展，教师的教学能力与学术水平就难以提高。因此教师自身对创新创业教学要不断地进行总结归纳，提高自身的研究能力。

创新创业教育除了对高等院校教师的能力提出了要求以外，对高等院校创新创业教育教师的管理也提出了新的要求：高等院校在教师管理中，要完善专业技术职务评聘和绩效考核标准，加强创新创业教育的考核评价：配齐配强创新创业教育与创业就业指导专职教师队伍，并建立定期考核、淘汰制度：聘请知名科学家、创业成功者、企业家、风险投资人等各行各业优秀人才，担任专业课、创新创业课授课或指导教师，并制定兼职教师管理规范，形成全国万名优秀创新创业导师人才库：将提高高校教师创新创业教育的意识和能力作为岗前培训、课程轮训、骨干研修的重要内容，建立相关专业教师、创新创业教育专职教师到行业企业挂职锻炼制度，加快完善高校科技成果处置和收益分配机制，支持教师以对外转让、合作转化、作价入股、自主创业等形式将科技成果产业化，并鼓励带领学生创新创业：通过这些方式方法让教师明确创新创业教育的责任。

2. 高等院校教师创新创业教育成长环境

教育部在《关于大力推进高等学校创新创业教育和大学生自主创业工作的意见》中，要求各高校把创新创业教育有效纳入专业教育、文化素质教育教学计划和学分体系当中，建立多层次、立体化的创新创业教育课程体系，国家各级高等院校都积极开展了这项工作。经过几年的实践证明，要建立科学系统的体系，没有一支结构完善合理的专业化师资队伍与之相匹配就无法真正发挥作用。因此，我们要培养高等院校创新创业教育的教师。这就需要有高等院校创新创业教育教师的成长环境。所谓创新创业环境是指开展创新创业活动的范围和领域，是创新创业者所处的境遇和情况：它是影响创新创业活动与各种因素、条件的总和。高等院校创新创业环境是纷繁复杂的，涉及政策与法律的革新、人文社会观念的转变、行业的发展情况、自然环境的突变、科学技术的迅速升级等因素。这些因素的变化，促成了高等院校创新创业环境的风险与生机。

（1）政府主导创新创业教育教师成长环境。众所周知，我国教育事业属于政府主导型，政府在教育发展和改革中扮演着重要角色，政府的指挥棒能调动学校领导、师生参与创新创业教育的热情。我国的高等院校创新创业教育起步多年尚未取得明显的效果，创新创业教育师资数量和质量的严重不足已成为主要的制约因素之一。政府要出台相应的政策，建立创新创业教育教师培养机制，为高等院校的教师提供创新创业教育成长环境。

1）成立创新创业教育师资培训机构，推进创新创业教育师资职业化的进程。通过专业化的培训，不仅可以培养一大批高校急需的创新创业教育师资，并且参加系统学习的教师要进行入职选拔考试，严把入口关，只有获得职业资格认证的，方能持证上岗，不断提高师资素质，增强其专业能力，优化和提高高等院校创新创业教育教师的从业标准，改善我国高等院校创新创业教育的整体水平，缩小与发达国家的差距。

2）打通创新创业教育教师的成长通道，推进创新创业教育师资专业化的进程。一方面在部分高校开设创新创业管理方向的学位教育，打通创新创业教育教师学历教育通道；另一方面增加创新创业学术类职称系列，打通教师职业晋升通道。只有这样才能吸引更多的优秀教师参与、转入创新创业教育师资队伍。

（2）高校提供创新创业教师成长职业环境。高等院校创新创业教育实施的核心在于教师，高等院校应高度重视教师的培养，特别是年轻教师的培养，为创新创业教师的成长提供职业环境。

1）树立"双师型"教师培养理念，营造教师成长氛围：创新创业教育和高等教育都要求教师既懂理论也懂实践，创新创业教育理念下的高等院校师资队伍更应加快"双师型"建设的步伐，高等院校要在新引进教师编制、任职条件、职称评审、工资待遇、聘任政策等方面向"双师型"倾斜。同时要开通"双师型"教师培养渠道,让现有的教师进入企业从事生产管理及工程技术工作,切实提高实践能力。

2)建立教师培养激励机制,引领教师成长。

第一,完善制度保障,激励教师投身创新创业教育。学校建立完整的创新创业教育课程体系并纳入人才培养的学分体系,另外对于教师从事创业团队指导等明确工作量计算标准,为鼓励教师投身创新创业教育形成制度保障。

第二,积极鼓励教师开展创新创业实践活动,为教师参与企业咨询、研究活动、体验创业等提供便利。通过开展"产学研"实践项目,扶持教师带着自己设计或研发的项目去创业,增加其管理实践经验,培养一批"创业型学者"或"学者型企业家"。

3)搭建教师锻炼平台,提升教师成长空间。创新创业教育完全融入高等教育还是一种新的教育方式,师资队伍的培养应本着边学习、边实践、边培养的原则,为教师搭建更多的实践平台。同时在实践的过程中不断地修改、完善创新创业教育与高等教育的融合。

(3)内在动力驱动创新创业教师自身成长。创新创业教师的自身内在动力驱动教师个人成长。教师有了国家好的政治政策的大背景,有了学校提供的职业成长背景,来自教师自身主动成长的内在动力能驱动教师提高自身的综合素质。

1)主动学习,勤练内功。一方面在创业理论方面应加强创业意识、创业准备、创业心理、创业风险、创业营销、初创期企业管理及财务管理等方面的知识学习。另一方面,加强岗位实践经验的积累,教师走向社会、走进企业、走入学生创业团队,在实践中提高自己。理论与实践相结合,不仅可以提高教师教学的自信心,还可以增强教学的针对性。

2)参加创新创业培训,提高创新创业教育授课技巧。创新创业教育与传统的教育不同,创新创业教育的授课方式可以用"三多"和"三少"来概括,即:多一些互动参与,少一些抽象概念;多一些双向交流,少一些单向灌输;多一些热情行动,少一些乏味说教。鼓励教师参加多种创新创业师资培训，专门的创新创业培训项目都要求进行小班化教学，教师使用参与性的教学方法，突出学员的主体地位。创新创业教育教师可参加培训借用授课方式，以此来提高自己的授课技巧。

3）注重理论研究，提升成长空间：作为一名创新创业教育教师，不能仅仅成为"教书匠"，还应是一位"科研型教师"，通过理论研究学习国内外最前沿的相关知识，不断更新知识，更新观念，促使教师不断学习，不断"洗脑"，由此形成终身学习的能力。创新创业教育在我国发展历程不长，在高校的开展也是近年来的热潮，创新创业教育教师的成长需要国家、社会、学校的高度关注，更需要教师自身对创新创业教育的热爱。高等院校创新创业教育教师在成长过程中，还必须把知识的积累、技能的锻炼建立在高等人才培养目标基础上，唯有这样才能肩负创新创业人才培养的重任，学校也才能为国家经济建设大量输送具有创新创业精神的高素质技术技能型人才。

3. 高等院校创新创业教育教师的成长路径

教学能力是教师的思想素质与业务能力的综合体现，表现在教学活动的过程之中，并且通过一定的教学行为方式来体现：教学能力是在一定的教学思想、理念支配下，在掌握教学知识、教学技能的不断实践过程中形成的，包含教学的认识能力、实践能力和研究能力等相辅相成的本质要素。教师的教学能力是影响教学质量的决定性因素，现代教育以生为本、因材施教的教学理念，要求教师具有独特魅力的创新性教学能力，能针对学生情况选择适合的教学方法，又能区别学生个性给予特殊指导，以充分发挥学生个体优势与潜力，做到既能教又会教更爱教。高等院校教师创新创业教育教学能力的提高有多种途径。

（1）参加培训，汲取同类院校办学精华。国家、省市或学校每年都会开展各种类型的继续教育活动，定期举行各种相关的培训、讲座、研讨或是各种职业资格证书的考证培训，教师通过参加培训，能集中学习和了解到国内外最新最先进的教学理念、模式、内容、手段与方法；能结识许多高校的同行，利于会后时间相互交流与学习；还能感受到不同高等的校园文化，找出本校与同类院校的差距，提高教师自身综合素质和专业能力，更好地开展高等院校的创新创业教学活动，最终有利于个人教学能力的提升。

（2）参与合作，借助团队提高水平。高等院校为促进教师队伍的建设，一般都建立了教研室，把教学人员分成了不同专业团队，由团队来组织开展各类教学活动，教师要积极参与团队的创新创业教学活动，相互合作，使团队成为提高教学、科研能力和进行专业发展的良好平台。同时学院还提供了各种类型的顶岗实践平台、创新创业平台、经验交流学习平台、教学平台、企业与科研成果对接平台等，教师要借于助这些平台，提高创新创业的能力。可以依靠教研室的团队力量，开展定期集体备课、教学研讨、相互听课、举行公开课等活动，进而提高教学水平。

（3）请教学习，提高教学能力。高等院校各系部和各教研室都是不同的团队，各团队中都有开展创新创业教育工作的优秀团队，其他团队可以向优秀团队请教学习，组织与优秀团队之间开展经验的交流与互动，不断提高本团队的创新创业教育能力。一是学习他们热爱教学、心系学生的强烈事业心和责任感；二是学习他们为了掌握教学规律而肯投入的精神和善于投入的能力；三是学习他们对教学工作认真实践、精心研究、一丝不苟做事的扎实作风；四是学习他们注重教学创新，更重视学生创新意识和创新能力的培养；五是学习他们灵活高超的教学艺术。

（4）开展教研，提升教学水平。为了提高创新创业的教学能力，教师除了不断地进行教学实践与反思并总结积累经验外，还必须结合创新创业教学实际与发展的需要，开展创新创业教学改革和教学研究。随着当代科学文化技术与社会经济的迅猛发展，学校的教学理念、教学内容、模式、方法和手段都正在经历深刻的变革，虽然在宏观层面这些问题已有不少研究，但具体到学科专业教学方面，则存在大量的实际问题，有待探讨和研究，这正是教师锻炼与提高创新创业教学能力的好舞台。

（5）自主学习，提高业务素质。要培养教师自主学习的能力。教师要不断学习专业新知识，与专业前沿保持同步，使大脑知识储备充足，讲课才能发散学生思维，联想性好，生动有趣。教师要借助互联网、国家精品课程网站或专业杂志等资源，学习国内外先进的教学理念、模式、方法与技术，把专业教育与创新创业教育有机地结合起来，在课题中实施。要加强师德建设，确立坚定的、崇高的师德信念，严于律己，全心全意投入教学之中。要坚持教学反思，对创新创业教育思想与实践及时进行评价、反馈与调节。

（6）加强沟通，注重培养。现代教育理念强调，在教学中教师是主导，学生是主体，教师应主动接近学生，加强沟通，运用创新性教学手段充分调动学生学习的积极性和创造性，教会学生如何获取、掌握所需知识和信息的方法，培养学生创新性思维，注重学生综合素质的培养，真正做到"授人以渔"，成为学生学习的引导者。高等院校创新创业人才的培养离不开教师创新性教学能力的提高。教师创新性教学能力的提升，关键在于各级领导重视，能以科学发展观和正确的人才规划为导向，建立完善的教师培养机制，创设教师学习、实践和发展的平台，营造良好的发展环境，并充分调动教师学习、实践、反思和完善的积极性，开通高等院校创新创业教育教师的成长路径。

第二节　思想政治教育与大学生创新创业教育的发展融合

思想政治教育对于大学培养人才非常重要，当今时代必须将大学思想政治教育作为常抓不懈的工作。要从深层次意识到思想政治工作所发展延伸出来的积极效用。

一、思想政治教育是实现创新创业教育的重要途径

（一）思想政治教育增强大学生的创业意识

创业者想要创业首先要具备的条件是创业意识，而创业意识是通过学习、生活和实践中日益形成的，大学可以通过思想政治教育培养学生的创业意识。

在创新创业教育问题中，所有的理论与实践均表明，创业意识在教育过程中要建立一个系统的多方面的合理化工程。因此，受教育者在接受帮助的同时，也要付出更多的努力，这样再接受教育，受教育者能更快地在思想上理解创业并且更深层次地意识到创业。只有真正的有创业意识后，在心理上会慢慢产生创业动机，将其转化为动力，生成愿望，从而激励受教育者完成愿望。创业意识教育是一个受教育者完成心理转化的过程，他们在接受高素质培养的同时会很快认识到，我国目前是一个急需创业型人才的国家，并且把培养高素质人才作为高等教育的全新方向及目标，高素质人才会更快地接受和适应我国经济社会发展的速度，可以及时根据我国目前的市场发展和社会需求而给出自己的见解，并且能够对突发事件给出正确的引导。高素质人才能够拿出自己的研究成果并设计出相应的社会和市场需要的产品，创造出更高的经济效益。受教育者在进行素质教育时，心理健康教育也被各高校定为传统思想教育的重要组成部分，学生们会被进行各方面的心理知识教育，目的是让学生们在面对社会各方面高压的情况下，仍然做到积极向上，态度乐观，从容淡定，让学生们将自己所长转化为社会需要并创造价值，真正实现自己创业的梦想。

（二）思想政治教育提高大学生的创业能力

创业能否成功与创业者的创业知识与能力密不可分，除去一些外界因素，创业者的创业知识与创业能力决定着创业是否成功，创业能力包含很多，如思维能力、学习能力、领导能力、市场调查能力等，因此，要提高大学生创新创业能力，要在创新创业教育过程中，全面发展，将涉及的知识都渗透到教育的内容中，使学生能够更加充分自然地了解创业知识，并且能掌握一定的创业能力。结合思想政治教育，全面提高学生的综合能力，从而提高学生的创业能力，所以，在提高大学生创新创业能力方面思想政治教育起着不可替代的作用，接下来分几个方面具体说明一下思想政治教育在提高大学生创新创业能力时发挥的具体作用。

（1）在提高大学生的思维能力上思想政治教育具有一定的作用。

以马克思主义理论为基础的思想政治教育，充分地体现了唯物辩证法，教导学生事物都具有两面性，有好的一面就会有坏的一面，相反，所有的坏事也都具有好的方面，要从多个方面看事情，通过思想政治教育培养大学生辩证的思维能力，看事情要透过现象看本质，要有及时发展机遇抓住机遇的能力，还要培养大学生良好的心理状态，面对突发事件时要保持冷静的心态，沉着地面对创业过程中的各种困难和挑战。

（2）高校在提高大学生的团队合作精神和沟通协调能力方面主要通过思想政治教育。马克思在人的定义里，阐述了人之为人的根本原则：人是社会的高级动物，既可以是在社会上独立的动物又可以是一种合群的动物。在创业过程中团队合作的好坏决定了成果的好坏，因为这将涉及各种形式的困难，最常见的就是角色选择，合理的利益界定。所以唯有妥善应对并解决这些问题，才能确保创业顺利展开。创业创业即为共同择业的一个选择，靠的是团队成员之间的一致配合，以及与外界的紧密联系，需要得到社会各个行业、组织的通力支持才可确保万无一失，享有社会各界的赞誉。

（三）思想政治教育培养大学生的创业品德

创业不但要有对市场经济发展分析的能力，创业者的人格魅力也是创业成功与否的关键，具体主要表现在以下四个方面。

（1）诚信。诚信者赢天下，诚实做人、诚信做事是创业者成功的关键。

（2）节俭。勤劳节俭是中华民族的传统美德，同时也是高校思想政治教育始终倡导的道德观念。大学生创业初期，财力、物力一般都比较紧张，所以学会理财，懂得节俭更加有助于他们的事业成功，更有利于财富的积累，做到开源节流，有助于企业树立良好的企业形象和文化。

（3）求真务实。马克思主义哲学的基本要求就是要始终坚持求真务实、实事求是。这一道理告诉我们，在创业过程中，创业者必须实事求是，求真务实地将理论与实践结合在一起，做到表里如一、不夸张、不作假、勤俭节约、脚踏实地奋斗以及设身处地为他人着想，只有这样才能取得成功。

（4）社会责任感。社会责任感关乎社会的和谐发展、国家的进步、民族的荣誉，一个国家只有人民富了，国家才是真的富的。只有国家强大了，人民才会过上幸福的生活，所以，社会责任感和我们的生活是息息相关的，因此，创业者在创业过程中应具备强大的历史使命和社会责任感，把国家的利益、民族的利益放在首位，在不损害他人利益和社会利益的前提下去追求自己的利益，始终把为人民服务和奉献社会的精神放在心中，时刻提醒自己为了实现伟大的"中国梦"而努力。

二、大学生创新创业中开展思想政治教育的路径选择

（一）调整思想政治教育目标

创业不是一蹴而就的，它是对创业者的一个全方位的考验，包括创业者的人格、能力和心理素质等方面。创业者要时刻牢记高校创新创业教育的基本前提和保障是思想政治教育的目标。

第一，创业者在制定创新创业教育的方案时，不但要结合当代的思想政治教育的核心思想，而且还要以现实为依据，结合我国当代创新创业教育所处的政治环境和经济环境，最重要的创新创业教育中的政治思想必须以党和国家的发展方向为依托。

第二，创业的目标不只是给更多人创造就业机会，提高就业率，更重要的目标是培养学生的创新能力，在创业的同时锻炼学生吃苦耐劳和拼搏奋进的精神，因此，创业者要认清一点，创业不是为了就业而就业，而是为了让学生学会适应社会的能力。

1. 强化大学生的主体意识

主体意识总体来说是一种自觉的认知，主要体现在大学生在社会生活中对自己社会地位和价值的认知。创新创业教育的首要条件是在

实践的过程中，创业者能够充分发挥自己的主观能动性。

在创新创业教育中大学生占有非常重要的地位，因此他们创业的结果直接影响创新创业教育的成果。我们都知道，学校的传统教育方式只注重单方面的传授知识，注重的是老师一味地传授，而学生则是一味地接受，这种教学方法忽略了学生的主体性，学生只是被动地接受知识，没有自己独立思考的空间，不但没有达到该有的效果，而且在思想上也限制了学生创业和创新思维。所以，当务之急是转变教学实践中的教育观念和教育方式。高校应该转变思想观念和教学观念，树立以学生为主体的意识，时刻牢记"学"是教育的中心，引导和培养学生的学习能力，充分发挥学生的主观能动性。高校还需培养学生的社会实践能力，不断地指导学生参加有意义的社会实践活动，通过活动，不断培养学生积极主动的学习意识，而教师的任务则是传授学生社会实践的理论知识，不再是之前的传授专业文化知识为主的方式。通过实际的例子传授社会实践的理论知识，在一定程度上缩短了师生的距离，加深了师生之间的感情，从而达到更好的教学成果。这充分体现了对作为学习主体的学生的尊重，培养学生的主体意识，不断地发掘学生的潜质，最终目标是使学生整体素质的提高和人格的完善与发展。为了更好地强化大学生的主体意识，结合思想政治教育创新创业教育应当从以下两方面进行：第一，必须使大学生意识到自己是创新创业教育活动中能动的主体，树立创业主体的观念和意识；第二，尽可能地为大学生创业提供条件。主体意识不能只是挂在嘴上，而是必须设身处地去行动，让大学生们真真切切实实在在地感受到自己是创新创业教育接受的主体。但是，作为受教育的大学生也必须树立责任意识、使命意识、大局意识，树立思想政治教育和创新创业教育"关乎国家、关乎个人"的思想观念。

2. 激发大学生的创业意识

创新创业教育的前导性任务是培养大学生的创业意识。大学生创新创业教育应该把培养大学生树立创业意识作为一门思想政治教育课，培养大学生那种"初生牛犊不怕虎"的精神，勇敢地面对困难和挫折：不但要有坚定的信念，而且还要有持之以恒的精神；创新创业教育不能一味地教学生创业的理论知识，而是要让学生学习一些创业成功的案例，多组织学生参加一些创业的社会实践活动，慢慢地培养大学生的创业意识。大学生是祖国的栋梁，是未来社会主义现代化建设的希望，因此必须拥有较高的文化素质和技能水平，有创业意识，不断发掘创业潜力，力争成为我国的创业型人才。所以，大学生必须清楚地认识到自身的潜力和自己背负的使命。同时创新创业教育在平时的教育中，要引导大学生认识自己，并且不断发挥自己的潜力。

创业要想成功必须要有一种紧迫感、压力感、激情感。因为只有面临这样的环境才能激发人们的潜力，发挥巨大能量。因此高校专门针对此项加强对心理方面的引导，造就学生的竞争意识，在以后的创业路上遇到困难和挫折要勇于面对，对以后压力的疏导有着至关重要的作用。引导学生们克服恐惧的心理障碍，无论在什么环境下，大学生都应该独立、自强和自信：遇到困难和挫折的时候有勇气去面对，去挑战。竞争意识是主体意识之后产生的，市场经济实际上就是竞争经济，如果没有竞争的话，市场会变得死气沉沉没有活力，更没有发展。因此，高校思想政治教育要随时随地给大学生们创设独立的竞争环境，让学生们形成竞争意识，让他们知道在竞争中生存，在生存中不断创新，这才是成功的关键，把他们培养成不但具有执着的追求而且还有正确的人生观的高质量人才。社会中到处充满竞争，如果一味地举棋不定犹豫不决，不敢参加竞争，那么他永远也不会成为一名优秀的创业者。

大学生对社会一定要有责任感，古话有云："天下兴亡，匹夫有责"。选择创业不但关乎着个人的利益，而且还对一个国家一个民族的复兴也有着至关重要的作用。能力和责任是成正比的，能力越大，相对应背负的责任就越大，从古到今，有无数成功的企业家为我国的社会主义现代化做出了杰出的贡献，从大一入学的那一刻起，他们就怀着一颗感恩的心，主动背负起报效祖国，为国家做贡献的责任。在平时社会的生产和生活中，有一些企业因为经营不善而倒闭。在这种情况下，有责任感的成功企业家会发扬"一方有难，八方支援"的精神，帮助倒闭的企业渡过难关。因为他们心里明白，企业离不开民族，离不开国家，就像鱼儿离不开水一样，所以要教育创业的大学生，树立正确的人生观和价值观，树立主人翁意识和民族责任感。

3. 提高大学生的创业品德

所谓道德品质即为在特定时刻、环境中个人品质及言谈举止的整体呈现，是某个个体在与社会上的人打交道时所反映出的德、善、美等道德行为习惯。其实某个个体的道德往往是主观上对善恶、美丑、是非等情况做出的回馈。内在意识与外在意识相结合，知行统一，意识与实际协调一致对道德的建立、教育再到最终的实现这一系列过程形成了道德品质。从以后的发展过程中不难发现，随着互联网的不断庞大和普及，实时掌握知识已不再是难事，但是思想觉悟、素养的提高则会变得极为困难，这与互联网的"弊端"有脱不了的关系。

（1）培养坚定的理想信念。能成为创业者的人必定是与众不同的。他有异于常人的决心和耐心。坚定的信念不只可以克服阻挠前行的苦难，毫无畏惧，而且可以让大学生们明白物质决定意识，意识反作用于物质。有了理想，才会为自己的理想奋斗，实现理想的基础，更重要的还是艰苦奋斗，最终实现理想。

（2）培养大学生良好的道德修养。常言道，一个人如果没有德就无法立足于社会。可见，良好的道德修养对一个成功的创业者而言是多么重要。我们常讲的道德不只包括四书五经中所讲的礼仪伦常，还包括家庭的、社会各方面的道德。我们在注重创新创业教育的过程中不要忘记思想素质的强化，要做到先做人后创业。不论日后成功或失败都不要忘记内心的信念，良好的道德修养一定要不断延续和发展下去。

4. 增强大学生的创业能力

创业能力的概念是以活动主体的智力活动为核心的具有较强综合性和创造性的心理机能，它以知识、经验和技能为基础，经过内化在创业实践活动中表现为复杂而协调的行为动作，是人的能力的最高表现形式。创业能力的培养不是嘴上说说，然后看看书就能培养出来的，应该与创业实践和社会实践相结合。创业能力由创新思维能力、沟通交往能力和实践能力构成，思想政治理论主要是提供了培养创业能力的知识和方法，要想增强创业能力提高这些能力是关键。

（1）启发创新思维能力。哲学是人们生活和工作中总结的理论，用于指导人们的生活和工作。思想政治理论课可以教育学生运用马克思主义唯物辩证法来解决现实生活中的问题，久而久之，可以使大学生在分析问题、解决问题的思维能力上得到提高，慢慢地大学生就学会了如何独立地掌握思维运行的规律。思想政治理论课以外的辅助课程也可以帮助大学生运用所掌握的辩证思维去处理现实问题并且校订成册，以供日后的学习和借鉴。

（2）提高社会沟通交往能力 。人是社会的人，一个人的成功也不是自己努力就能实现的，还需要培养自己的交往和沟通能力，良好的社会交往和沟通能力在办事情的时候会有很高的效率。创业如果单纯地依靠一个人的力量是远远不够的，必须有一个强大的团队，这就对创业者的社交能力提出更高的要求，创业者不但要有良好的社会交往能力，也要有团结合作的能力，多和自己的合作伙伴沟通和交流，知道对方需要什么，想要什么。为同一个目标而努力奋斗。在创新创业教育的思想政治课上，应该不断地培养大学生的社交能力，鼓励大学生拓宽自己的交友范围，学会与人交流合作，多参加一些社团和校园的活动，给学生们提供一个社会交往的平台。

（3）锻炼实践能力 。实践能力的概念是创业思维能力、社会交往沟通能力等其他创业能力在创业实践过程中的综合体现。因此，创新创业教育必须开设大学生实践活动课程。多组织一些创业计划和技能大赛的活动，不断提高大学生的实践能力；学校还可以开设社团和创业实践基地，为有创业想法的大学生提供场地和服务的支持。这些方法不但能提高大学生的创业实践能力，而且还能营造良好的创业氛围，对大学生身心健康都起到了积极作用。

（二）加强思想政治教育师资队伍建设

依照目前情形发展下去，大学生开始逐步喜欢上了创新创业教育。而学校也加大了对这一教育的投入力度，积极引导学生勇于参与创业，往往开设一门课程，需要专门对技术问题进行有目的性的辅导，虽然课程是专业的,但是所匹配的教师鉴于资源有限,并不是专业从事创新创业的导师,没有专业的创业知识,他们讲述的无非就是一些前人总结的经验和理论,没有实际实践效果。只是理论方面的简单陈述和理想化的实践,不但不能应对社会的基本需求,反而会耽误学生的学习。所以理论与实践相结合是非常有必要的,不但思想政治教育知识丰富,而且实践经验也要丰富,唯有如此才可以满足当今现代需求。

(1)建设一支具有专业创新创业教育能力的思政师资队伍。常言道:"教师是人生的指导者。"所以说教师在学生的整个学习生涯中起到不可磨灭的作用。他不仅是教育体系建设的创立者,同时还决定着大学生的思想意识和精神价值。创业作为一项实践性、执行性特强的活动,教师在课堂上所讲的创业的经历和知识直接决定着课堂效果的好坏。但是我国高校教创新创业教育中思想政治教育的教师缺乏创业的实践经历,在课堂上,一般都是粗略地讲授一些创业政策、创业形势、创业常识等方面的知识,通常都是口头上说教,没有实际的案例证明。这在一定程度上体现了教师能力和师资团队之间所形成的落差。

鉴于此种特殊情形,院校完全可以调配思想政治教育极强的教师参加社会组织的创新创业教育教师社团组织。首要任务是督促教师积极掌握相关创新创业教育教学的知识,把教师培养成具有专业化水平的知识的传播者,高校还需要为教师提供一个下企业挂职锻炼的机会,让教师体验创业的过程,全方位地了解企业的管理运行模式,通过自己的亲身体验和理论学习,不断提高自己的创新创业教育能力。

(2)聘请校外兼职教师,弥补实践型师资缺失。高校内的教师缺乏企业管理和运行的经验,一味只有理论,而成功的企业家由于各种原因无法来到大学生的课堂上,这种情况是我国创新创业教育中思想政治教育的现状。面对这一现状,目前有两个解决办法:一个办法是,学校可以聘请成功的企业家到学校为教师开设创新教育的讲座;另一个办法是,聘请的成功企业家和创业成功人士担任兼职教师,走进课堂和学生们打成一片,弥补实践型师资不足这一缺失。

总而言之,把成功的企业家和创业成功的人士请到课堂上这一做法,有利于引导学生创业,帮助学生就业,培养创新型人才,在一定程度上激发了大学生的创业热情、能力和信心。

第三节 传统文化与大学生创新创业教育的创新融合

研究一种教育，必须研究产生它的文化基础。研究教育不研究文化，就只知表面形态不知本质特征。教育理念是文化的表征，也是文化的产物。文化传统是人类不可逾越的基础，中华民族五千年的博大精深文化，从小耳濡目染的青年们在面对人生抉择时难免会受其影响，深入分析这些影响因素并有针对性地采取教育措施，是开展创新创业教育的理论依据。对日后的透彻研究也是一个好参照，理论研究和实践工作者逐渐发现大学生群体的创新创业存在着很多与常理相悖的怪现象，这些现象的背后有着深刻的社会文化背景，无法用简单的因果关系来解释。创业与就业状况紧密联系，能就业则不创业，就业困难或待遇不高才会考虑创业，创业成了诸路皆走不通时的最后选择，甚至成了"穷则思变""逼上梁山"的悲壮之举。为什么会出现这种现象？我认为更深层次的原因还在于中国传统文化心理结构的影响，只有站到文化基因的高度来审视和反思这些现象，才会找到最为切近的理解和最为本质的原因。

一、中国传统文化包含的优秀思想精神

必须站在战略性、全面性的方位思考中国传统文化，"不能把中国传统文化一概说成封建主义的。有些文化是有阶级背景的，有些则不受或不直接受阶级利益支配"①。中华民族传统文化有许多精粹值得我们引为豪。比如"先天下之忧而忧后天下之乐而乐"的情怀，"不以物喜不以己悲"的处世之道，"我劝天公重抖擞不拘一格降人才"的求贤若渴之情"富贵不能淫，贫贱不能移，威武不能屈"的精神，等等，这些都是我国之国粹，值得继承和传扬下去。

---

① 胡乔木谈中共党史 ［M］. 北京：人民出版社，1999：235.

（1）忧国忧民的爱国精神。经过千年的洗礼沉淀，精神是国人最为在乎和重视的"食粮"，正所谓酒肉穿肠过，一个人可以饿几顿，但是一刻也不能没有精神信念的支撑。而中国人生来就受到华夏文化的深深熏陶，团结、凝聚力、勤劳节俭、爱心等精粹精神成为国人的"精神食粮"。而其中爱国主义教育最为重视，资源也是极其充足，就像我们自上学起就学习思想品德这门课程，从小接受相关教育。从屈原的"长太息以掩涕兮，哀民生之多艰"到陆游的"王师北定中原日，家祭无忘告乃翁"，从李梦阳的"向北望星提剑立，一生长为国家忧"到于谦的"一片丹心图报国，两行清泪为忠家"，从三国志中的"忧国忘家，捐躯济难"到曹植的"捐躯赴国难，视死忽如归"，这一代代有抱负之人留下了他们满满的爱国情怀，为实现国家的繁荣昌盛，不惜抛头颅洒热血。真所谓肝脑涂地，在所不惜。满满的爱国之情及所付出的心血无人能及，值得我们长期学习且作为榜样为之奋斗下去。当然了歌颂国家的优点毫无疑问是爱国，那么敢于揭示缺点更是爱国，会比歌颂更值得我们钦佩。因为在赞扬中不乏有滥竽充数之人，为博眼球，故意而为之。对此，梁启超的分析相当一针见血，"有忧国者，有爱国者，爱国者语忧国者曰：汝昌为好言国民之所短，曰：吾惟忧之故。忧国者语爱国者曰：汝昌为好言国民之所长。忧国之言，使人作愤激之气，爱国之言，使人厉进取之心，此真所长也。忧国之言，使人堕颓放之志。爱国之言，使人生保守之思，此其短也。"① 忧国忧民体现的是一种担当、一种情怀、一种格局，骨子里濡濡浸渍的是对国家和民族的真爱。

（2）日进日新的创新精神。中华民族素有积极进取的创新精神，早在三千年前，《诗经·大雅·文王》即曰："周虽旧邦，其命维新。"其意是说周虽然是个古老的邦国，但到了文王能自新方能新民，建立新生的国家。《大学》中记载，汤之盘铭曰："苟日新，日日新，又日新"，是说在盘子上刻上了鼓励人不断追求革新、日新又日新的铭文，可见对革新的高度重视。《易传·系辞上》曰："日新之谓盛德，生生

---

① 梁启超. 饮冰室合集·专集（第2册）[M]. 北京：中华书局，1989：39-40.

之谓易"，是说新的不断代替旧的，日新月异方可成盛德大业。新旧交替，继续不已，形成生生不已的人化过程，生即是创，生生即不断出现新事物。"旧邦新命""日进日新""生生不已"代表着中国文化的基本精神，是激励中华民族不断创新、不断前进的思想源泉。中华民族的创新精神得到了很好的传承，毛泽东突出强调"艰苦创业"和"白手起家"培养学生的创造精神；邓小平大力提倡闯的精神、"冒"的精神，鼓励人们大胆地去闯去试，善于抢抓机会，以敢于冒险的精神走出一条新路，干出新的事业；江泽民反复强调创新的重要性以及增强民族创新能力的紧迫性："创新是一个民族进步的灵魂，是一个国家兴旺发达的不竭动力"① "艰苦能磨炼人，创业能造就人"；② 胡锦涛高度重视"培养拔尖创新人才"，③ 认为"青年最具创新热情和创造潜力"，要充分发挥创新潜能，为推动理论创新、制度创新、科技创新、文化创新以及其他各方面创新贡献聪明才智；④ 习近平强调"中华民族是富有创新精神的民族""创新精神是中华民族最鲜明的禀赋""创新是民族进步之魂"。⑤ 当今时代，创新成为驱动经济社会发展的第一动力，成为全社会的广泛共识，形成了浓厚的创新文化氛围，创新创业精神正在塑造国人新品格。

（3）兴邦致用的创业精神。中华民族的创业精神源远流长，历代帝王创立基业、大商巨贾创办实业、平民百姓创获家业，均属于创业范畴。由于中国古代政治历史发达，因此创业主要是指创立基业。孟子曰"君子创业垂统，为可继也"，是说君子创立基业，正是为传诸子孙，一代又一代地继承下去。⑥ 诸葛亮曰"先帝创业未半，而中道

---

① 十四大以来重要文献选编（下册）[C]．北京：人民出版社，1997：1389．

② 毛泽东、邓小平、江泽民论青少年和青少年工作 [M]．北京：中央文献出版社，2003：386．

③ 胡锦涛．在全国教育工作会议上的讲话 [N]．人民日报，2010-09-09．

④ 胡锦涛．在济南中国共产主义青年团成立 90 周年大会上的讲话 [N]．人民日报，2012-05-05．

⑤ 习近平．在中国科学院第十七次院士大会、中国工程院第十二次院士大会上的讲话 [N]．人民日报，2014-06-10．

⑥ 引自《孟子·梁惠王下》

崩殂"①，是说先帝开创事业不到一半就中途去世。其中"创业"都是创立基业、开创事业之意。有学者专题研究历代"创业帝王"，认为："凡参加本朝创立基业之工作而为开国帝王追尊帝号者，或本身参加本朝创立基业之工作有重大贡献而后得即帝位者，或开国之帝王，均称之为创业帝王。"根据这一定义，"开国帝王固然必定为创业帝王，但创业帝王却不必限于开国帝王"。② 由此可见，政治意义上的创与创立基业紧密相连，一般情况下"创业"与"守业"相对应，故有"创业难，守业更难"之说，当然在创业帝王中也不乏李世民这种"太宗文皇帝身兼创业守成之事"的个案。近代中国则产生了一大批实业家，并兴起了实业救国的社会思潮。孙中山在辛亥革命后曾指出："能开发其生产力则富，不能开发其生产力则贫。从前为清政府所制，欲开发而不能，今日共和告成，措施自由，产业勃兴，盖可预卜。"③ 既指出了晚清实业救国之不可能，也对辛亥革命后产业勃兴寄予希望。作为建国方略之一部分，实业计划详细设计了经济建设的宏伟蓝图，规划了在中国沿海修建三个深水港，修建十万英里铁路，发展食、衣、住、行、印刷等基本生活资料生产，开采煤、铁、石油和其他矿藏并设置采矿、冶金等设备制造厂等具体方案。也许这些方案在当时看来好似宏伟蓝图，完全没有可操作性。但是对于经济发展这一块的战略想法却是一笔难能可贵的精神财物，值得后人不断思考探索的。当代中国则生发出"艰苦创业"的新名词，是指为了国家、民族和人民的共同利益和共同理想，为了发展社会主义事业，在艰苦的环境中开拓、奋斗，改变一穷二白的落后面貌，建设富强民主文明和谐的现代化国家。艰苦创业精神既是一种崇高的思想境界，也是人们成就任何事业不可缺少的精神动力。其中，"创业"既指基业，也指事业，当然也可以包括企业，于是便有"全民创业"的政策号召，创造出"百姓创家业、能人创企业、干部创事业"的生动局面。

---

① 引自《前出师表》
② 王寿南. 中国历代创业帝王 [M]. 台北：台湾商务印书馆股份有限公司，2003.
③ 孙中山全集（第 2 卷）[C]. 北京：中华书局，1981.

二、利用转化传统文化融入现代创新创业教育中

（一）辩证看待中国传统文化与创业精神和创造力培养

关于中国传统文化与创业精神和创造力培养，在学术界有两种代表性观点。有学者认为"重义轻利"思想抑制创业愿望；"中庸"思想限制创业激情与勇气；儒家部分治理思想与商业"契约精神"有冲突；"学而优则仕"思想制约创业积极性。这一学术观点受到了部分学者的质疑，他们认为"修齐治平""忧乐天下""反求诸己"等儒家思想给大学生创业提供精神动力；"仁者爱人""知行合一""中庸"等儒家思想给大学生创业提供创业智慧；"君子爱财，取之有道""见利思义"等儒家思想给大学生创业提供道德基础。儒家思想内涵丰富而深刻，经过现代解读，作为创新创业教育的一部分，完全可以为大学生提供具有现代意识的创业精神，对大学生创业产生积极而深远的影响。而且，这种积极意义要远大于消极影响。

我们可以看到，由于立论基础不同，二者对儒家思想的理解也不尽相同。甚至是同一种具体的思想主张，也会解读出消极和积极两种不同的影响效果。比如"中庸"思想，持"消极影响"观点者认为"中庸"思想限制创业激情与勇气。因为刚出社会的学生就步入竞争激烈的市场中，人脉和资金等社会资源匮乏，乃至在举步维艰的情况下，初生牛犊不怕虎、敢为人先、大家风范的领袖力，朝气蓬勃的新锐之气是必不可少的。而所谓的这些新锐之气是与"中庸之道"相悖的。"中庸之道"所提倡的是"规矩处世"，不能脱离世俗限定，完全与创业者该具有的品质相反。因此"中庸之道"是不太利于创业的，而且会起到消极作用。与此相反，持"积极影响"观点者认为"中庸"所提倡的理念可以中和大学生目前浮躁焦急的心态，为达目的不惜失去所有，而这种心态完全扭曲了创新创业的理念和初衷。

对于这一问题，在林崇德先生主持完成的"创新人才与教育创新研究"课题中曾进行过深入的讨论。他认为中国传统文化蕴含着丰富的创造力，从中国传统文化特质的角度提出了四种观点："首先，中

国传统文化崇尚独立自主的人格，而独立自主的人格是创新人才最重要的人格特征。""其次，中国传统文化是具有怀疑精神的，而怀疑精神是创造的源泉之一。""再次，'和而不同'的思维方式为创新提供了思维基础。""最后，中国传统文化是'崇尚理性'的文化，既能客观地认识自己的现实，又能公正地对待外来文化。"据此，得出结论："中国传统文化因此构成了创新人才培育和创造性或创造力提升的丰富资源，而不是阻碍创造性或创造力培养的罪魁祸首。"① 这是很有创造性的全新观点，改变了学术界原有的对于传统文化的认识。这一观点的理论基础是："世界上根本找不出一种缺少创造性的文化。所有的文化，都是富于创造性或创造力的；所有的民族，都是富于创新精神的民族。"② 对此，我深表赞成和认同，但是，为什么富有创造性的中国传统文化和富有创新精神的中华民族自 15 世纪以后逐渐落后了，1840 年以后的百余年间，甚至落到了任人欺凌、任人宰割的悲惨境地？③ 如何解释这一文化现象呢？这个问题实际上揭示了文化与制度的关系，虽然中国传统文化和中华民族具有创造性和创新精神，但是，不能孤立地从文化特质来推论文化的影响和作用，还要把文化放到具体的时代坐标中去，在不同的时代条件和制度背景当中来全面审视传统文化。正如学者石中英所指出的："总的来说，中国传统文化具有丰富的创造基因，只不过由于种种的原因没有能够在封建社会特别是在明代以后的社会里得到很好的表达机会。"④ 基于这一视角，我认为，中国传统文化主要是在以小农经济为基础的封建社会形成发展和走向成熟的，由于受到封建专制主义的桎梏，这些创造性和创新精神并没有得到"充分"和"正确"的发挥。这里的"充分"是一个量的标准，是指优秀传统文化发挥影响的力度和效度；这里的"正确"是一个质的标准，是指优秀传统文化发挥影响的范围和领域。这就是

---

① 林崇德. 创新人才与教育创新研究［M］. 北京：经济科学出版社，2009：12-14.

② 林崇德. 创新人才与教育创新研究［M］. 北京：经济科学出版社，2009：10.

③ 张岱年，程宜山. 中国文化与文化论争［M］. 北京：中国人民大学出版社，1990：276.

④ 石中英. 中国传统文化阻碍创造性人才培养吗［J］. 中国教育学刊，2008（8）.

中国传统文化的复杂性所在，单纯从文化特质的角度来看，中国传统文化确实蕴含着丰富的创造性，但是由于封建社会的长期延续，特别是明清之际封建专制主义的负面影响，中国传统文化的创造性并未得到正确发挥，以致影响了整个社会的创造创新活力。所以，在我们研究传统文化时，一定要加入时代元素，要把"传统与时代"作为一个主题来深入研究，不同时代会唤醒传统文化中不同的价值元素，这是我们研究传统文化的基本出发点和落脚点。

当前，要充分注意中国传统文化随着时代的发展而发生的巨大变化。实际上，伴随着中国铲除封建主义社会制度，确立中国特色社会主义制度，中国传统文化已经挣脱了专制主义的羁绊，逐渐走向了现代化。特别是改革开放以来，"随着社会主义市场经济和以公有制为主体、多种经济成分共同发展的政策和体制逐渐确立。与之相伴，人们的价值观念有了明显的转变，市场意识、竞争意识和风险意识也不断增强。这些变化都为中国的创业文化植根于民众之中，繁荣于大江南北，提供了良好的社会环境"①。我们的基本观点仍然是从文化特质的角度来看，中国传统文化具有促进创新创业的科学品质，它在封建社会出现的阻碍创新创业的专制形态主要是受到社会制度的影响。新中国成立以来，中国现实的社会环境已经发生了翻天覆地的变化，中国特色社会主义制度的确立为建设民主法治的中国奠定了基本的制度基础，以改革创新为核心的时代精神已经成为中华民族蓬勃向上、走向繁荣富强的精神力量。在这种时代特点和制度环境中，中国传统文化中有利于创新创业的特质将重新得到发挥和阐扬，为整合和建构促进创新创业的时代文化提供保障。

（二）寻找传统文化向现代文化转化的内部机制

在改造文化方面，必须解决的问题就是如何对待传统文化。我们无法抛弃传统，而只能是剖析传统，从而找到传统文化转化为现代文化的内部机制。

---

① 曹威麟，张丛林，袁国富. 论中国创业文化的振兴与繁荣［J］. 江淮论坛，2002（5）.

1. 综合创造论

张岱年、程宜山在《中国文化与文化论争》一书中认为，新的中国文化系统的形成过程在本质上是一个综合创造的过程，现在中国的文化系统是在原有文化系统解体之后，利用来自中西两方的文化要素重新组建起来的。但是，由于在引进过程中选择意识和创造意识不强，存在着泥沙俱下和囫囵吞枣的严重弊病。新的社会主义文化系统目前已初具规模，但还远远没有建成。"新的指导思想——马克思主义在这个文化中的主导地位已经确立，今天的中国文化与中国传统文化无论在体系结构上还是所包含的文化要素上，都有质的区别。这是新文化已初具规模的标志。不承认这一点，以为中国传统文化仍完好无损、需要根本摧毁、'彻底重建'的观点是没有根据的。"与此同时，夸大我们已取得的成就也是不正确的。因为"文化传统的更替与社会形态的更替并不完全同步"。在社会主义初级阶段，封建主义、小农意识、半殖民地半封建社会病态心理还有相当大的市场。

2. 转换性的创造

李泽厚先生对于传统文化的改造提出了"转换性的创造"思路，他认为儒学的深层结构已经浸入无意识的深层，以至于不读孔子的书，甚至不知孔子其人的农民，沉浸和积淀在他们的行为规范、观念模式、思维方法、情感态度等意识和无意识底层的，主要仍是孔子和儒家的东西。这些东西不是想扔掉就能扔掉，想保存就能保存的身外之物。为了发扬儒学深层结构积极的方面，克服消极的方面，他认为应该进行"转换性的创造"。这种转换性的创造既必须与传统相冲突，又必须与传统相承接，主要包括两个层面：一个是社会体制结构层面，建立与当代社会相匹配的自由、独立、人权、民主制度和法律；另一个是文化心理结构层面，通过创新学习教育的方式与当今社会习俗和民族文化心理相结合，进行适度性转换。这个转换性创造的过程就是"让现代生活的理性体系和价值规范作为风俗习惯在日常生活中逐渐沉积，以改变原有积淀，为转换性地创造新时代的深层次结构而努力"。转换性的结果，即是他所主张的"自由主义"："以宣传现代观念为张本，以建立未来的人性为鹄的，通过教育，来逐渐既保存又改换传统的情理深层。"李泽厚先生认为近代以来，从康有为的"孔子改制考""公羊三世说"、谭嗣同的"仁—通—平等"的"以太"仁学、严复的"天演"进化，到孙中山的"三民主义"、毛泽东的马列"中国化"，都是企图获取系统的理论构建去对抗和消解传统的"中体"，来更新人们的观念，召唤国人的情感。李泽厚先生认为，中国文化一整套理性系统的阻碍，使现代化进程更加举步艰难，于是在经历了各种失败之后，终于爆发出世界史上罕见的彻底反传统的"五四"启蒙运动，以求为现代化取得思想上的前提和武器。

3. 创造的转化

与"转换性的创造"相对应的则是林毓生先生提出的"创造的转化"（creative transformation）。林先生非常重视"权威"的力量，认为"我们只能在学习中找寻转化与创造的契机；而在学习的过程中，我们必须根据权威才能进行"。这实际上是如何"使传统在现代的环境中发扬"的问题。为了达到这个目的，有两种错误做法，一种是"有些人发生一种情绪的冲动：自己传统的崩溃使他内心很烦躁，常用并不能言之成理的办法来维护自己传统"①。林先生将这种做法称为"以情绪为基础硬搞的办法"，这种办法不是"发荣滋长"的途径，必然没有生机和活力，并不能对维护传统这件事产生实质的贡献。另一种是"硬把外国东西移植过来"，这种做法也不可取，因为"硬从西方搬来一些货物，不但不能解决我们的问题，反而制造了新的危机"。②"硬搞"和"移植"都不可行，那么，就只能实行"创造的转化"。按照林先生的界定，"创造的转化"就是"把一些中国文化传统中的符号与价值系统加以改造，使经过改造的符号与价值系统变成有利于变迁的种子，同时在变迁过程中继续保持文化的认同"③。"创造的转化"既是一个艰苦而长远的过程，也是一个相当繁复的观念："第一，它必须是创造的，即必须是创新，创造过去没有的东西；第二，这种创造，除了需要精密而深刻地了解西方文化以外，而且需要精密而深

---

① 林毓生. 中国传统的创造性转化［M］. 北京：三联书店，2011.
② 林毓生. 中国传统的创造性转化［M］. 北京：三联书店，2011.
③ 林毓生. 中国传统的创造性转化［M］. 北京：三联书店，2011.

刻地了解我们的文化传统，在这个深刻了解交互影响的过程中产生了与传统辩证的连续性，在这种辩证的连续中产生了对传统的转化，在这种转化中产生了我们过去所没有的新东西，同时这种新东西却与传统有辩证地衔接。"① 由此可见，林先生突出强调"创造性的转化"，其内在意蕴在于"传统辩证的连续性"，这种对社会与文化稳定性的追求更有利于创造。

（三）在马克思主义指导下整合构建现代创新创业文化

在系统梳理中国传统文化转化机制的基础上，要对传统文化进行创造性转化、创新性发展。既要坚持马克思主义的方法，采取马克思主义的态度，坚持古为今用、推陈出新，有鉴别地加以对待，有扬弃地予以继承；也要结合当前中国的基本国情和大学生的主体需求，整合构建中国现代创新创业文化，形成促进创新创业人才培养的基本框架。"整合"即为英文"Integration"，而《柯林斯词典》中是这样解释的如果某人融入了一个社会群体，或者融入了一个社会群体，他们的行为方式就是他们成为群体的一部分或者被接受。而"构建"单纯是"建设"之意，没有任何引申的含义。基本含义是将零散的创业文化资源根植于当代创业文化之中，进行长期的萃取和培植。当然这一切的运作，必须有核心引领。而当前我们的核心指导思想是马克思主义基本原理和包括毛泽东思想、中国特色社会主义理论体系在内的中国化马克思主义关于创新创业的基本理论，在此基本思想的指导下，吸收借鉴中国传统文化和西方创业文化建设的主要理论。对于整合与构建过程中各基本理论的关系，我们秉持的理念是适度地介于两者之间，既不提倡"囫囵吞枣"似的一味结合，也不是一味否定，只注重改革求新。而提倡的是一种"有鉴别地以对待、有扬弃的予以继承"的思想精髓。把创业文化建设和创新创业人才培养问题置于人类社会政治、经济、文化发展规律和制度的历史背景中加以宏观考察，深刻透视创新创业人才培养命题中映射出的个人发展与社会的政治、经济

---

① 林毓生. 中国传统的创造性转化 ［M］. 北京：三联书店，2011.

和制度的辩证关系，结合实际情况和现实需要对创新创业文化建设进行整合创新。

在马克思、恩格斯关于创新创业的丰富思想中，蕴含着多方面的思想萌芽，比如关于创造和创新就有很多宝贵的思想，值得我们在今天深入研究、挖掘。为了把更多的青年学生培养成为创新型国家建设急需的专门人才和拔尖创新人才，毛泽东、邓小平、江泽民、胡锦涛、习近平等党和国家领导人都对青年学生寄予厚望，高度重视对青年学生的创造、创新、创业教育，积极鼓励青年创造、创新和创业。

第四节　创新创业教育实践体系建设

创新创业教育实践体系是以培养学生的创新意识、创业精神、创业知识、创新技能等为基本内容的一个实践体系，它是通过创新创业教育课程、社会实践、行业竞赛和创业平台建设，充分调动高校、研究机构、政府、企业和社会多方力量来培养创业型人才的教育实践体系。创新创业教育实践作为创新创业教育的重要一环，对推动高等院校的创新创业教育的发展有着重要的作用。

一、创新创业教育实践体系构建基础

（一）教育实践体系构建的理论基础

顾明远编著的《教育大辞典》中，对教育实践教学有一个明确的解释：教育实践教学是相对于理论教学的各种教学活动的总称，包括实验、实习、设计、工程测绘、社会调查等。旨在使学生获得感性知识，掌握技能、技巧，养成理论联系实践的作风和独立工作的能力，这种对教育实践的定义，是从其内涵和外延来理解的。

1. 教育实践体系的内涵

教育实践体系是一个有机的整体，大部分学者都认为其有狭义和广义的内涵之分。总的来说，由目标、内容、管理、评估体系等要素构成教育实践体系整体，这是按照其广义层面来描述的。而狭义的教育实践体系，是指教育实践的内容体系。我们以广义的教育实践体系内涵作为参照，但并不局限于其设定的目标、内容、管理和评估四大要素：我们把实验、实训、实习、毕业论文等环节作为教育实践活动，把体系的管理、评估、条件保障作为教育实践体系的环境资源来加以重新认识。所以我们认为，教育实践体系是以教育实践人才培养目标为核心前提，以教育实践活动为主体内容，并以相应环境资源作为支持条件的一个有机联系的整体。

教育实践是和社会诸多领域有着紧密联系的实践活动，教育实践体系的构建也涉及各种与之相关的要素：在综合考察教育实践内涵的基础上，笔者认为教育实践与学习论的思想密不可分：它们不仅为教育实践体系设计提供理论指导，也为人们认识教育本质、确立教学目标、选择教学内容等教育问题提供重要的理论依据。学者们对学习的探讨从未停止过，无论是行为主义心理学创造的"刺激—反应"学习理论，还是认知主义心理学家对人类认知过程及组成因素的研究，社会因素和个体因素已经成为学者们关注的焦点，特别是建构主义学习理论对教育思想产生了重大影响。

建构主义学习理论认为，知识、技能不是被动积累的，而是学习者积极实践的结果。知识、技能的建构必须从激发学习者学习动机开始，而传统的教育模式往往是先理论后实践，实践能力弱的学生在社会上缺乏核心竞争力。因此，必须确立教育实践教学在创新创业人才培养过程中的主体地位；学习者的学习过程要关注知识、技能的连贯性和教学内容的情境性。使用情境教学方法，使学习内容具有真实性任务，使学习行为在与现实情境相似的情境中产生。教育实践教学正是符合情境教学要求的，使学生通过具体的社会实践、实训、实习等实践环节，在解决具体问题情境中，积极主动地建构自己的理解过程、创造过程。

2. 教育实践体系构建的理论原则

教育实践体系的高效运行，必须考虑到多种要素间的相互作用：在综合了创新创业人才培养范畴和教育实践体系特征的基础上，我们提出了构建教育实践体系过程中需要遵循的一般性理论原则。

（1）目标性原则。高等院校教育实践体系的建构必须紧紧围绕培养大学生创新创业能力这一人才培养目标来进行，要把培养既具有扎实的理论基础，又具有较高创新素养和较大创业潜能的人作为教育实践体系的出发点。制定的教育实践体系人才培养养目标应该根据高等院校人才培养规格、专业学科特点及发展规律以及社会对人才的需求，来进行明确的、有针对性的具体目标设定。

（2）系统性原则。高等院校教育实践体系的构建，应该根据高等教育的规律、人才培养特点，按照各个教育实践环节的地位、作用及相互之间的内在联系，运用系统科学的方法进行统筹安排，教育实践环节的时间安排上要保持连续性，要处理好实践教学与理论教学的关系，合理分配课时比例，保持整个教学过程的系统性。实践教学与理论教学的相互衔接、相互渗透，使体系内的各个环节协调统一，贯穿于高等教育的全过程。

（3）层次性原则。大学生能力的发展，是一个循序渐进的过程。遵循这一客观规律，教育实践体系也应分阶段、分层次逐步深化。其教育实践目标要由易到难，教育实践环节由简单到复杂，教育实践方法由单一到综合，分阶段、分层次，循序渐进地加以构建。

（4）实践性原则。实践出真理。因此，对教育实践体系的构建要有利于学生实践能力的培养，主要体现在教育实践目标要符合社会发展和人才需求，除培养学生的应用实践能力外，还注重创新创业能力的培养，以满足学生自主发展的需要。在教学内容上，应突出知识更新的要求，以实践、实训活动为主导，模拟真实的环境来开展教育实践。

（二）教育实践体系构建的目标导向

创新创业人才培养目标是高校教育实践体系构建的目标导向，也是其核心前提。创新创业人才培养目标指的是在教育实践体系的构建中，要把培养学生创新创业能力作为教育实践人才培养目标，把创新创业人才培养目标贯穿教育实践体系的每个环节，通过教育实践活动培养学生的实践能力、创新素养和创业潜能，使学生对实际问题的解决能力和综合素质得到提高，使学生做到德、智、体、美全面发展。

（1）培养学生理论联系实际的能力。教育实践的首要任务就是要求学生将理论知识与实践动手能力相结合，将课堂教育与社会实践相结合。学生工作以后，坚持理论联系实际，充分利用理论知识、指导思想，去观察、处理问题，解决实际工作中遇到的现实问题。学以致用是从古至今都崇尚的人类知识获取和使用的目标，其实现学以致用目标的过程就是通过教育实践。教育实践培养学生运用知识、创造知识的能力，使学生能真正发挥理论指导实践的作用，为学生毕业后进入社会工作创造必要条件。

（2）培养学生发现问题与解决问题的能力。在用人单位看来，现在的大学生发现问题、解决问题的能力并不理想。因为实践经验的缺乏，在工作中很难发挥高学历知识教育的优势。因此，通过教育实践，积极调动学生的观察力、理解力和思考力，培养学生创新能力、激发学生创业潜能创新，对新时期人才培养的意义尤为重要。在日新月异不断变化的世界环境中，具备创新能力的人才才能发挥举足轻重的作用，为社会发展做出贡献。只有通过创新能力的不断提升，使学生富有创造力，激发创业潜能，才能开辟新的行业和领域。

（3）培养学生的创新实践能力。在创新创业人才培养的要求中，学生创新创业能力的核心就是创新，创业是在具备一定程度创新的基础上升华得到的。实践能力是创新能力发展的基石，高等院校要构建面向创新创业能力培养的教育实践体系，在教学中培养学生的创新实践能力，是符合现代教育要求和社会人才需求的。没有实践能力，创新能力是不可能得到发展的。学生在实践中不断积累实践能力，形成良好的创新意识，无形中就会使自己的创新能力逐步提升。人才综合素质的提升是一个国家综合国力提升的表现。国家培养学生的综合素质，需要在学生进入社会前，通过教育实践来逐步使学生得到全面发展。

高等院校要依据自身的学校定位，适当调整各学科教学计划，以培养学生创新创业能力教学理念为指导，突出教育实践体系各环节的连贯性和整体性，完善教育实践内容，积极培养学生实践能力，满足新时期学科专业发展对专业人才的需要，力争实现创新创业人才培养目标。

（三）创新创业教育实践体系的认知

创新创业教育实践体系是指将创新创业教育建立一个由浅入深、由简单到复杂的教学与活动体系，通过这个体系，把专业教学活动、社会实践活动、实习实训活动、科学研究活动、创业实践活动结合起来，形成循序渐进的创业全过程实训。创新创业教育实践体系主要是通过整合学校、企业和社会的各种资源，建立开放式、多元化的创业实践平台与基地来实现。

创新创业教育实践体系是在创新创业教育的实践观指导下的体系建设，大学生创新创业教育有别于专业课教育和基础课教育，要求在传授理论知识的基础上，让学生掌握认识自我、认识事物、认识社会的方法和手段，培养学生创新创业能力、发展事业的能力，因此在授课或活动的过程中，要坚持理论与实践相结合、突出实践的原则。根据创新创业实践教学的特点，把创新创业实践体系分为认知性创新创业实践、思考性创新创业实践、模拟性创新创业实践3个部分。

（1）认知性创新创业实践。一是组织学生参加社会实践和社会调查活动，深入认识社会，了解企业现状与发展，提高认知能力；二是指导学生充分利用课间毕业实习，接触专业实践活动，提高专业创新创业能力；三是指导学生在实习实训基地中体验企业管理和企业文化，提高管理创新创业能力；四是发挥优秀毕业生的创新创业典型的示范作用和成功案例的激励作用，或请进来采取讲座、座谈的形式教育和引导学生，丰富学生创新创业知识与体验，或采用访谈的形式让学生接触典型、感受典型、学习典型，提高创新创业的激情与能力。

（2）思考性创新创业实践。学校通过举办创新创业计划的相关比赛，引导学生参与各种科研训练活动，进行创新创业教育的熏陶。尤其是综合性、设计性科研训练活动，如各高等院校开展的大学生研究训练计划项目，使学生在训练、比赛中，激发创业意识、体验创业经历、增进沟通交流、培养团队精神。定期开展创新创业技能专题讲座、学术周、科技月等科技创新活动，以设立研究、创新基金等方式对学生的科技创新项目提供资金支持、创新实验平台。

（3）模拟性创新创业实践。模拟性创新创业实践，创立校内外创业孵化与创业实践基地。指导学生参加有关提高专业和创业能力的训练活动。依托校内大学生创新创业实践基地与大学科技园，让学生通过实践从理论中走出来，汇集智力、知识、技术、资金，使其成为学生科技合作交流与创新创业服务的平台；依托校外创业孵化基地和各类型创业中心的合作，与各企业合作，共建模拟创新创业平台（如工厂、企业）等实战场所，与此同时要充分发挥各高等院校校友会的有效资源，达到"节能高产"。让学生感受企业的发展历程，实际参与企业的具体管理和运作环节，使教学与社会生产紧密结合起来。

在创新创业教育的实践体系中，要做好统筹规划，做好创新创业园区的建设，重新评估现有创业园工作开展情况并加强建设，规划建设一批新的创业园区。在创新创业园区的建设方面，省教育主管部门应积极协调省财政部门，把创新创业园区的建设纳入专项资金项目，进行专项建设。创新创业园区应包括创新创业教育、项目管理、资金管理、孵化器、创新创业培训等功能。

二、创新创业教育实践体系存在的问题

随着中国高等院校教育改革的持续推进，创新创业教育的不断发展，一些深层次问题逐渐显现出来，创新创业教育实践体系不健全就是其中之一，这个问题在一定程度上制约了创新创业教育的发展。

（一）创新创业教育实践体系构建的困境

创新创业教育实践活动在高等院校已经开展起来，也取得了明显的效果。但在创新创业实践过程中出现的困境也是不可忽视的。

1. 创新创业教育目标模糊

创新创业教育在高等院校已经开展了数年，可是创新创业的目标和定位在许多人的心目中仍然是模糊和单一的。美国考夫曼企业家精

神研究中心（The Kauffman Center for Entrepreneurship Leadership）所定位的创新创业教育的目标是"通过培养创业意识、了解创业知识、体验创业过程，使大学生能像企业家一样行为，具备将来从事职业所需的知识、技能和特质"。创新创业教育目标应该是知识与技能，结构与方法，情感、态度、价值观三维目标的统一。

目前高等创新创业教育存在目标模糊的困境，主要体现在两个方面。

（1）创新创业教育缺乏价值引领，分类、分层指导不够。高等学院创新创业教育核心是培养人才，需要回答好"培养什么样的人"和"怎样培养人"这两个问题。这其中包括价值观引导和教育，具体到某个高等院校，就是其人才培养的价值引领和特色层次。然而，当前高等院校创新创业教育人才培养目标总体模糊，创新创业教育实践内容设计指向以技能性教育为主，如创业的商业管理与运营技术、商业税法以及融资方法等，忽视了价值塑造的内容，培养存在趋同化现象。

（2）创新创业教育目标的单一性造成创新创业教育功利化倾向严重。许多高等院校的教师认为创新创业教育仅仅就是专注于培养大学生成为小老板，或者成为企业家的一种商业教育或创业培训，这种缺乏分类、分层次的创新创业教育目标限制了创新创业教育的受众面，即主要面向具有创业意愿和已经付诸创业实践的群体开展，并没有面向全体学生开放。造成了一般高等院校的创新创业教育只是精英教育，大部分大学生都没有加入创新创业教育的实践中来。例如：高等院校的创业大赛就带有极强的精英化痕迹，关注的只是小部分有骄人业绩的人，参与面不广。但与之相矛盾的是，随着信息技术和互联网的蓬勃兴起，当代大学生逐步告别传统求稳的就业观念，愿意以自主创业的方式开始尝试实现人生价值。这些有创新创业意愿的学生有很大一部分，但是像技能大赛这样的实践活动却不具有普遍性，也仅仅是少部分同学参与，由此可见，模糊的、单一的创新创业教育目标，必然会造成创新创业教育与现实需求的冲突。

2. 创新创业教育实践缺乏整体推动

随着社会经济的发展和国家政策的倾斜，一些高等院校在创新创业教育实践体系建设方面进行了探索。这些高等院校通过开设创新创业教育课程，开展以创新创业教育为主题的第二课堂活动，设立高等院校创业园、创业孵化中心、创客等，为学生开展创业实践活动提供了极其丰富的载体，创新创业教育实践活动也开展得轰轰烈烈。但随着活动的开展，一些新问题也接踵而来。例如，在一些高等院校中，创业课程由相关学院开设，创新创业教育实践环节由学工部门牵头，创业竞赛由团委牵头，这容易导致多部门功能设置重叠、任务内容重复，最终造成资源浪费。多部门牵头开展的创新创业教育在发挥了各自优势的同时，也容易造成各自为政、缺乏协同，致使创新创业教育实践缺乏体系性和联动性，进而阻碍创新创业教育实践的健康和快速发展。高等院校创新创业教育实践是个系统工程，它与创新创业教育的目标体系、课程体系等息息相关，需要协同联动，共同推进发展。然而，目前高等院校创新创业教育实践工作多重视载体建设而忽视实践体系构建，缺乏统筹规划与顶层设计，缺乏整体推动的战略眼光。这些问题致使创新创业教育呈现声势大、成效小，尝试多、规范少的尴尬局面。

3. 创新创业教育课程建设不成体系

经过多年的发展，我国创新创业教育从照搬照学外国模式，到探索具有中国特色的创新创业教育之路，取得了一定的成果。据 KAB 中国官方网站统计，截至 2014 年 12 月，国内有 251 所高等院校设立了 KAB 创新创业教育俱乐部，241 所高等院校成立了大学生 KAB 创新创业教育基地，50 多万大学生参加了学习实践。许多高等院校开设了《大学生 KAB 创业基础》《创业管理》《大学生就业与创业指导》等课。与此同时，形式多样的创新创业教育活动也在各大高等院校开展，如"挑战杯"大学生创业竞赛、模拟公司训练营、创业孵化项目评比、创业之星评选等。许多高等院校在创业实践方面取得了不小的成就。但是，高等院校已设的创业课程和开展的创业活动，明显存在一些问题。

（1）课程之间缺乏相关性、互补性和层次性，没有形成创新创业教育课程体系。有的创新创业教育课程仅仅定位在知识传授上，相对封闭，缺少实践体验环节。

（2）创业活动之间缺乏连续性。例如，创业竞赛仅仅停留在竞赛上，缺乏竞赛之前的系统谋划和竞赛之后的持续关注，其典型表现是大学生"挑战杯"创业项目往往止步于大赛结束时。

（3）创业课程教学与创业实践活动之间缺乏联系。创业实践活动不是创业课程教学的必要延伸，创新创业教育课程也不是创业实践活动的理论支撑。众所周知，创新创业教育课程与其他纯知识传授型课程有本质的区别，它本身是一种实践，即需要将创业知识、创业理论与创业技能、创业实践有机结合，实现创新创业教育第一课堂与第二课堂的协同发展。鉴于上述实际，涵盖创业实践教育的高等院校创新创业教育课程体系的建设任重道远。

4. 创新创业教育服务平台能力单薄

创新创业教育实践的最终目的是推动创业项目落地，因此，创新创业教育实施中，除了提供必要的教学条件外，还需要有大量创业服务平台的支撑。然而，目前高等院校创新创业教育服务平台的能力普遍单薄。究其原因，有以下三个方面。

（1）缺乏社会企业的支持。在以赛代训的背景下，学生创业项目大多缺乏实践基础，难以进入实际操作阶段，尤其是社会企业界的支持热情不高，使得服务平台缺乏资金扶持、经验指导和技能辅导。

（2）缺乏技术力量的支持。这反映在当下大多学生创业项目缺乏高深的技术含量上，学生创业项目可复制性较大，影响了创业项目的生命力。

（3）高等院校内部支撑学生创业的联动功能低下。在一些占有国家大量研究资源、优秀师资和科学技术的研究型大学中，每年有成百上千项科技发明与专利因缺乏联动和激励机制的设计，无法对接创业学生的需求，进而丧失了转化的机会。事实上，要推动创业项目的落地，相关服务平台的有力支撑是关键。

（二）高等教育实践体系困境原因

创新创业教育实践的困境有多种，而这些困境的产生是因为在高等院校的各个方面还存在着多种矛盾冲突。

1. 高等院校内部不同层面存在观念冲突

高等院校内部不同层面存在的观念冲突对于创新创业教育实践体系的构建有着深刻的影响。"冲突"具体表现为以下三个方面。

（1）对人才培养定位认识不一致。在高等院校中，部分教师认为，人才的培养是高等院校的职责，而创业人才只是部分人才，不包括全部的学生。教师对人才培养的定位还不准确。

（2）对创业"失败"和"成功"的理解不一致。有些人认为创新创业教育实践是育人的过程，对于学生来说，即便创业失败也是一种成长；相反，持不同观点的人认为，大学生创业成功率极低，而失败对大学生打击可能很大，担心大学生难以承受，影响大学生的身心健康，故没有必要在上学期间承担这样的风险。

（3）不同专业之间对创业理解的不一致。职业性相对强的专业对创新创业教育需求相对弱一些，因而对创新创业教育的阻力会更大；相反，职业性相对模糊的专业对创新创业教育需求相对较高。

这些冲突往往体现在不同人群的思维和行动中，包括学校领导干部、教师和辅助人员。观念的冲突在一定程度上造成了创新创业教育目标的模糊和创新创业教育脱离学生实际需求的现象，不利于创新创业教育实践体的构建。

2. 高等院校创新创业教育实践缺乏顶层设计

纵观前几年的高等院校创新创业教育，其顶层设计是欠缺的。高等创新创业教育有了多年的实践，可有的是从经济管理学院萌芽启动的，有的是从技术转移中心牵头开始的，有的则是从就业角度唤起对创新创业教育的关注，还有的则是为了完成各类比赛任务而推行的阶段性活动等。由于缺乏系统的顶层设计，加之创新创业教育常被放在第二课堂或者旨在丰富学生课余生活的课外活动中进行，学校相关单位或部门常会凭经验或兴趣而行，使得创新创业教育变得零散化、碎片化。

实际上，即便是看起来相对系统的创业培训也存在上述类似问题。举行一次培训就算是开展了创新创业教育，培训还常出现"三无"现象，即课程设计无体系、培训过程无监管、培训结果无评估。这种现象与相关部门对创新创业教育随性定位有很大的关系。此外，由于高等院校对部门的功能分工缺少系统的研究，在部门的职责定位和工作范畴上容易形成"重叠"与"缺位"并存的现象，即易出成绩的工作常被抢着做，需要革故鼎新、面临巨大挑战或者需长期默默坚持才可能有所收获的工作往往成了大家争相躲避的对象。这容易诱发各自为政甚至冲突的局面，导致力量集聚难、资源整合难，也难以形成良好的创新创业教育组织环境和创新创业教育文化氛围。

3. 高等院校创新创业教育学科建设滞后

由于创新创业教育缺乏全国层面的学科设计、指导和要求，除了个别高等院校自我探索之外，绝大部分高等院校很少涉及创新创业教育学科和专业建设。创新创业教育学科建设的滞后直接影响了创新创业教育课程体系的开发与建设，部分高等院校的"创新创业教育既没有系统的创业学课程，也没有融入学校的专业教育当中"。此外，高等院校缺乏对创新创业教育的研究，同时高等教育的研究机构的设置也被认为是可有可无的，对于如何将创新创业教育的理念融入本校的人才培养理念、如何处理创新与创业的关系以及如何实现科研成果的转化等问题没能做出良好的回答。

因此，创新创业教育在全国高等院校范围内缺少理论支撑，课程设置和资源分配缺乏顶层依据，专业设置缺乏学科依托，这一切都影响了创新创业教育的广度和深度。

（三）创新创业教育实践体系构建策略

高等院校创新创业教育实践体系要以解决实践活动的矛盾冲突为目标，在实践活动中完成创新创业教育体系的构建。

1. 构建以学生需求为导向的创新创业教育目标体系

创新创业教育实践体系作为一项培养人的创新创业精神和能力的系统工程，其目标要根据大学的人才培养目标和大学生的需求来制定。创新创业教育目标体系的构建可以很好地解决创新创业教育目标模糊与单一的困境。大学创业教学目标体系的构建应该分为两个层面：①面向全校学生的共性层面，主要是以创业意识、创业知识、创业能力、创业精神等创业素能为目标；②面向特殊群体的个性层面，主要是针对具有强烈创业意愿和梦想的学生，以培养其市场的敏锐性、决断的自主性、思考的独立性、创业的竞争性和合作性、技术的创新性、管理的科学性等品质为目标。

高等院校要围绕培养创新创业人才的目标，把推动大学生创新创业教育工作作为培养高等人才的重要组成部分，构建一体化的创新创业教育目标体系。在共性层面，高等院校要把向社会输送更多有志于担当社会责任、创造社会财富的精英人才作为人才培养的重要目标，积极探索创业意识激发、创业技能提升、创业项目打磨、天使投资对接、创业项目落地的"全链条"式创新创业教育实践体系，逐步形成以学生需求为导向、以创业素能为核心、以创造价值为动力、以创业实践为抓手、"学研产用"相结合的分层分类的创新创业教育模式；在个性层面，高等院校要将"培养有志于担当社会责任、创造社会财富的创业精英"作为创新创业教育的目标，实现企业家精神、创新能力、组织能力、领导能力、机遇把握能力、技术型创业、国际化创业等素能的融合。

2. 构建以资源整合为导向的创新创业教育组织环境体系

创新创业教育组织环境主要是指通过对以创业实践载体、创业社团、创业竞赛和创业实践平台为主体的创新创业教育实践类资源进行有效整合，创造良好的创新创业教育环境，形成浓郁的创新创业教育氛围，构建创新创业教育组织环境体系，能够有效地解决创新创业教育实践载体繁杂和实践体系零散的矛盾。大学在开展创新创业教育时，一方面要建立统一的创新创业教育领导机构，进行顶层设计和宏观规划，统一调动高等院校的创新创业教育资源，对全校创新创业教育工作和创新创业教育组织或团体进行宏观管理和监控；另一方面，要打破学校各部门各自为政的局面，将优秀的创新创业教育资源进行整合，营造良好的创新创业教育环境，共同构建创新创业教育的组织环境体系。

高等院校要以资源整合为导向，采取多项举措构建良好的创新创业教育组织环境体系。

（1）加强顶层设计，提供机制和政策保障。一方面，建立学生创新创业工作协调机制，成立大学生创新创业教育工作领导小组，协调校内有关部门单位抓好创新创业人才培养工作；另一方面，出台一系列文件，帮助引导大学生处理好创业与就业、学业的关系。

（2）整合校内资源，激发创业意识。高等院校要依托勤工助学与创业指导中心、"蒲公英"青年创学院、青年创业俱乐部、微创业联盟等近30个创新创业社团，持续开展"创业者导航""创业点子秀"、创业沙龙、"创业在路上"等活动。

（3）加强校内创新创业教育实践基地建设。为满足学生创业实践需要，高等院校要建立创新创业教育实践基地，引导学生经常参加创业实践活动。为创新创业教育实践体系构建创造良好的组织环境体系，有效地保证学校创新创业教育的顺利开展。

3. 构建以专业教育与创新创业教育融合的创新创业教育课程体系

在专业教育中融入创新创业教育，建立创新创业教育的课程体系，这能有效地化解创新创业教育课程建设封闭和实践活动孤立的尴尬。创新创业教育活动课程是根据高等学校创新创业教育目标，学生在教师的指导下，根据市场发展和自己的兴趣及条件，选择不同项目，以独立或小组合作的形式，用类似创业活动的方式开展的课程形式，主要目的在于辅助专业教育。创新创业教育实践课程是以创业模拟实践和创业实践为主的课程，主要目的在于创业的实践和实战。

专业教育为创新创业教育提供创新创业教育的观念、技能、能力、思想和理论，为创新创业教育的开展提供了指导；创新创业教育对专业教育的观念、技能、能力、思想和理论进行检验，同时为专业教育提供素材和内容。专业教育与创新创业教育相互融合，将创新创业教育贯穿人才培养全过程，既发挥专业教育的知识优势，也体现创新创业教育的实训、实践优势。创新创业教育课程体系主要包括学科课程、通识课程、活动课程和实践课程等方面。学科课程是以创新创业教育学为主的一系列课程，是根据高等学校创新创业教育目标和实施创新创业教育的需要，为学生在创业过程中必须掌握的创新创业教育学科理论知识和创业理论知识而设置的理论性课程。

4. 构建以技术引领为导向的创新创业教育实践支撑体系

大学创新创业教育必须以技术为方向引领，建立起一套完整的"产—学—研"联合教育体系，在能力范围内将能够用于实践教学的基地充分利用好，建立创新创业教育实践支撑体系。创业实践最终要走向市场、走向社会，这就要求创新创业教育实践不仅要整合校内资源，加快高等院校科研成果、学生创业成果与企业需求的融合，还要依托更广阔的社会资源，争取和引导政府、企业对创新创业教育的支持，实现创新创业教育实践项目资源与平台的无缝对接。

高等院校可以通过校友会、大学科技园、所在区域高新技术产业园等机构组建对大学生创业感兴趣的天使投资团，以实现快速融资，也可以与所在地高新技术产业园开展实质性合作，为大学生创业提供免费场地支持，促成大学生创新创业实践体系的完整架构。

三、创新创业教育实践体系的建设

当前，我国高等教育人才培养与我国经济社会发展需要相比，还有许多不相适应的地方。主要是创新型人才匮乏和人才创新创业能力不强。党提出"提高自主创新能力，建设创新型国家"和"促进以创业带动就业"的发展战略。《国家中长期人才发展规划纲要》（2010—2020 年）中总体部署部分也提出了"加强人才资源能力建设，创新人才培养模式，注重思想道德建设，突出创新精神和创新创业能力培养"及"突出培养创新型科技人才"。这些指导方针对高等院校人才培养提出了新的要求，特别是要加大对大学生创新意识和创新创业能力培养的力度。创新创业教育的核心内涵是面向全体学生，结合专业教育，将创新创业教育融入人才培养的全过程。创新创业教育的主要特点是实践性与主体性，即以学生为主体充分发挥其主观能动性，注重体验的教学实践特点，通过体验使学生获得创新创业的感性认识与经验积累。健全的高等院校创新创业教育实践体系是使创新创业教育观念转化为教育实践，是实现创新创业教育培养目标的重要基础与保障。

（一）教育实践体系构建的主体内容

1. 教育实践体系构建的阶段内容

按照不同的教学目标，遵循实践内容深度的递进，实践技能层次的递进，综合应用水平的递进原则，教育实践活动主要包括基础实践阶段、专业实践阶段和综合实践阶段 3 个层次阶段。通过这 3 个实践阶段，学生可以合理地、循序渐进地安排实践教学活动，将创新创业人才培养目标和实践教学内容具体落实到各个阶段中，达到学生实践能力、创新能力的培养要求。

第一阶段，基础实践阶段是专业能力初步锻炼的阶段。

这个阶段对加深理论知识的理解、弥补课堂教学的不足起着重要作用，也是专业实践阶段的前提。基础实践阶段主要包括课程实验、社会调查和参观见习三部分，重点培养学生基本技能和基础实验能力。课程实验的教学目标是以理论知识为支撑，使学生具备以操作能力为主的基础实践能力，通过实际操作和应用来发现和解决问题；社会调查通过实地调查研究，促使学生去验证和解决课程中遇到的理论性问题；参观见习的目的是增长自身专业知识，主要通过老师带团参观与专业相关的校外单位等方式进行。

第二阶段，专业实践阶段是经过专业知识的系统学习之后，把所学知识运用到科研探索中的阶段。

它强调专业实践的重要性，是对学生科研能力培养的有益尝试。专业实践阶段主要包括课程设计、项目实践和专业实训 3 个部分。课程设计对培养学生提出、分析和解决问题以及初步形成科学研究的专业综合能力起着重要的作用，是巩固所学理论知识的重要途径。学生在课堂学习的时间有限，不可能完全掌握学科专业知识，所以项目实践环节可以使学生根据自己的特长，选择感兴趣的某一专业项目，在教师的指导下，以项目小组的形式组合在一起学习和研究，通过互帮互学，培养团队精神和融会多学科知识的能力，培养学生设计实践的能力。专业实训主要采用校企结合的形式，由学校老师和企业老师带队，走到实际的工作环境中去，让学生亲身体会到未来的工作状态，帮助学生及早适应工作环境，使其满足行业需求。它是连接校内学习和企业需求的桥梁，是毕业实习的一个提前模拟。

第三阶段，综合实践阶段主要包括科研竞赛、毕业实习等，重点培养学生综合实践能力和创新能力。

在科研竞赛中，学生在学校指导教师的辅导下，参与老师课题研究、科研立项和大学生创新性实验项目等学术活动，也可以参加本专业的各项竞赛活动等，锻炼学生把理论知识与实践能力相结合的能力。为了让学生在毕业实习的时候尽快进入工作状态，适应真实的工作环境，需要进行毕业实习。毕业实习是学生自己参加到相关企业部门中去，并没有教师从旁指导，是学生真正投入实际工作中，发挥自己的综合能力，解决问题，给企业创造经济效益的过程。学生在毕业实习中，积累工作经验，为就业做准备。毕业实习过程中学生专业知识得到了总结和升华，体现出学生的科研能力和创新能力。

2. 教育实践体系构建的资源环境

教育实践体系的构建必须有一系列教学硬件和软件的提供，才能保障教育实践的顺利开展，这些软件和硬件就构成了教育实践体系资源环境。其主要包括教育实践体系构建的前提条件、环境保障、质量保障等多个方面。完善教育实践管理机制是高等院校教育实践体系构建的前提条件。适合创新创业型人才培养的教育实践体系必须要有与之相适应的教育实践管理机制作为其前提条件。其管理机制包括以下内容。

（1）分级组织管理。高等院校教育实践管理实行校、院二级管理体制，由学校负责对教育实践制定相应的管理办法和措施，各二级学院作为办学实体负责教育实践的组织和实施。

（2）教学制度管理。目前大部分高等院校的学生必须按照专业教学计划，接受与其他专业同学相同的教学内容，而不能自主选择个性化的课程，这样并不利于大学生实践创新能力的培养。完善教育实践制度，需要实行"弹性学分制"，保证学生获得学分途径的多样性和灵活性，促进学生创新能力的最大化发展。

（3）运行评价管理。建立包括学科专业资源、软硬件条件、校内外实训实习基地等实验教学资源有效利用和共享开放的机制，保证教育实践资源得到最大的有效利用，为教育实践活动的开展提供可靠的保障。同时，需要对教育实践的各个环节制定相应的评价反馈机制，利用这种机制来促进教育实践质量的提高，通过评价反馈保证实验教学改革的机制，对实验教学资源的有效配置与利用起到了良好的监督与指导作用。

3. 教育实践体系构建的基地建设

教育实践体系构建包含基地建设，教育实践基地建设可分为校内实训基地建设和校外实习基地建设两个方面。校内实训基地主要是面向本校师生，采取校企结合的模式，在校内开设企业培训课程，进行企业模拟实践项目，能体现学校管理和专业特色的实训场所。校外实习基地需要依托企业的老师，按照企业生产实践的真实需求，参与学生的校外实习教学环节的管理和指导工作。良好的实践环境是培养学生实践能力和创新能力的重要基础，所以高等院校应该确立以校内实训基地发展为核心，稳定与扩展校外实习基地建设，采取校内外共建相结合的思路，作为推进高等院校教育实践改革的基本环境保障，高素质的教育实践师资队伍是高等院校教育实践体系构建的质量保障。高等院校开始认识到，教育实践人员已不再是传统观念中的教辅人员，而是教学活动的主体：实践教师队伍素质的高低，直接关系到学生实践能力、创新能力培养的好坏。

（二）创新创业教育实践体系建设的措施

1. 创新创业教育实践管理机构的建立

高等院校创新创业教育在我国经过十多年的摸索和实践，已经取得初步的成绩和一定的经验。目前多数高等学校在院校创新创业领导小组的直接指导下，依托教务处、科研处、学工处、团委、就业等部门的相关力量，协调各系部投入创新创业教育实践活动。教务管理部门负责创新创业课程（多为选修课程）教学计划的制订，学生管理部门负责组织、协调校内的创新创业项目比赛活动，科研部门联系有关专家进行评审、检查、讲座培训等工作，并与就业管理部门一道做好学生创新创业成果的催化、孵化、转化。各系部配合各种创新创业教育实践活动，组织师生，提供设备场所进行具体工作。

这种组织工作形式对于面向赛事与项目型实践活动比较实用，却存在着局限于操作层面和技能层面的问题，而创新创业教育是一项全面的、系统的、长期的发展战略，因此，要理顺领导体制，着力推进创新创业教育实践工作。2010 年 5 月，教育部高等教育司在《推进高等学校创新创业教育有关情况》一文中提到：我们建立了高教司、科技司、学生司、就业指导中心 4 个司局联动机制，形成了创新创业教育、创业基地建设、创业政策支持、创业服务"四位一体、整体推进"的格局，并准备成立由知名企业家、企事业单位专家、高等院校教师、有关部门负责同志参加的"教育部高等学校创新创业教育指导委员会"。高等院校创新创业工作要想全面系统、持续有效地发展，应独立设置高等院校创新创业教育实践管理与研究专职机构，负责统筹创新创业教育、创新创业基地建设、创新创业资产管理，创业政策扶持和指导服务、创新创业教育理论研究等工作，全面协调教学、科研、学工、团委、就业、大学生创业园以及各院系部门参加的创新创业教育实践和大学生自主创业工作。

2. 创新创业教育实践的开展

创新创业教育是一项系统工程。要想完成高等院校创新创业教育的任务，引导学生正确创业，需要将创新创业教育融入各专业学科，把创新创业素质与技能培养贯穿于专业教育实践的全过程。

（1）结合专业实践教学，打好创新创业基础。加大对学生创新思维和创新创业能力培养的力度，是制定新的专业人才培养方案的主要内容：建立创新创业人才培养体系，专业实践教学至关重要。创业的本质是创新，是变革。对于创业者来说，仅有创新是不够的，但没有创新的创业活动难有后劲。创新需掌握充分的专业基础知识与扎实的专业技能。专业实践教学是帮助学生巩固理论知识、增强动手操作能力的最好手段。专业实践教学内容要结合专业人才就业、创业需求进行充分调研和论证，根据职业岗位知识与能力的要求，将创新创业知识与能力的培养融合于各门课程之中，有效组织实施教学实践活动。

不断跟踪行业发展动向，及时调整课程与实践教学环节设置，把握专业学习方向，确保学生所学知识与技能的适用性与先进性，以利于创新创业人才培养目标的实现。此外，各科专业的课堂教学都要尽可能运用实物教具、视听多媒体教学设备及相应教学软件等，使学生对专业基础知识的学习有更多感性的认识。

（2）推广项目型实践教学，提高创新创业水平。推广以项目型实践为核心的创新创业实践教学模式，让所有学生得到创新思维和创新意识、创新创业能力的训练与培养。项目型实践教学以实现课题项目要求为目标，是对学生专业知识与技能的综合运用能力进行的训练实践，强调的是对学生科研能力与创造性思维能力的培养。项目型实践最能体现学生在创新创业实践中的主体性特点，从项目方案的研讨设计，设施器材的申请准备，到项目方案的执行操作、检测修改，以至目标实现，整个过程都可放手由学生自己完成。学生是项目实践的主角，教师应主动充当配角，起参谋辅助、启发引导作用，让学生更多地感受创新科研的过程与情境，增强他们创新创业的意识和勇气。

创新型项目实践教学可以借鉴"大学生机械创新设计大赛"等系列赛事项目，围绕学生动手能力、实验综合能力、独立思考能力、实际应用能力等创新实践能力的训练，开展大学生创新性实验项目，使广大学生得到科学研究与发明创造的初步训练，使学生学会利用所学专业知识与技能解决实际问题。创业型项目实践教学可以借鉴"挑战杯"创业计划竞赛等系列赛事项目，培养学生人际交往能力、组织管理能力、开拓创新能力、竞争能力、决策能力等创业基本能力和素质。创业过程本身就是创新的一种表现形式，创业实践环节是对创新实践内容的丰富和发展。从某种意义上说，创业能力的强弱，反映了一个人的创新精神和实践能力的强弱，创业教育与创新教育在人才培养目标上是高度一致的。

（3）抓住毕业实习契机，加强创业能力训练。我国大学生创业欲望强烈，但实际参与创业的比例不高，创业成功率更低。究其原因，主要在于校内的各种实践与社会生产实际存在一定距离，大学生缺乏现实社会工作经验。毕业实习过程中，学生通过在单位为期数月的岗位工作劳动，可使学生积累一定实际工作经验，对所学专业内容有更深切的体会，为真正走入社会奠定基础。近些年来，大学生毕业实习多采用个人联系实习单位，直接与自己未来的就业或创业挂钩的形式进行实习，这是磨炼学生吃苦耐劳品质，培养实干精神，学会自立自强的重要过程，也是开展创业训练的大好时机。学校应抓住这一机会，在毕业实习之前，组织学生预先进行 KAB（Know About Business）、SYB（Start Your Business）等创新创业教育项目培训，并制定与创业能力培养相关毕业实习计划，要求学生在实习过程中关注思考创新创业相关课题，并在其毕业实习报告中得以体现。通过学校的组织引导，学生的创新意识、创新创业能力将会得到进一步的增强与提高。

3. 创新创业基地的建设

高等院校创新创业实践基地是培养学生创新意识、创造能力和创业意识的重要物质基础。校内创新创业基地与大学生创业园和校外实践基地的有机结合，为大学生创新创业实践提供了平台。

（1）共享已有校内实践资源，统筹营建创新创业基地。提倡节约环保、资源共享的理念，校内创新创业实践基地建设可以凭借学校现有科研实验场所、实验仪器设备等专业实践教学资源为基础，根据创新创业人才培养的基本技能实践、创新项目实践、创业项目实践等类型的需要，对其规模、功能及结构进行系统研究，统筹规划与调配，适度重组与补充，尽可能减少重复建设，最大限度地合理利用实验室的仪器设备资源，挖掘更多的实验功能；提倡建设开放性实验室，在满足正常的教学、科研工作基础上，对需要进行创新创业项目实践与基本技能训练的同学，实验室也可安排一定时间予以开放。发挥实验室对学生创新创业素质的培养作用，鼓励学生开展探究性的学习与研究。校内创新创业基地是学生创新创业能力培养的基础性实践平台。

（2）搞好大学生创业园建设，发挥其创业人才培养功能。大学生创业园或科技园的投资主体主要是政府、大学和少数企业，是我国高等教育体系的重要组成部分。园区融大学生创业实践、创业孵化、创业培训、创业服务功能于一体，是促进高等院校产学研结合，开发大学生创新思维，进行大学生创新创业教育实践的重要基地。各高等院校建立的创业园或科技园都会结合其特有的专业属性，入住的大学生初创企业多数与其所学专业有关。目前以科技型、信息型等产业或行业为主，大部分是中小型企业。园区鼓励大学生将实验室研究的成果和创新项目带到基地进一步研究开发，并通过提供法律、税务、财务及政策信息服务帮助初创企业规避创业风险，提高企业的成活率。园区还有着创新创业教育培训功能，可以在孵化基地举办专题讲座、典型经验介绍、创业企业观摩等多种形式的培训，以提高大学生的创业技能。

对于大学生来说，进入这些园区企业参加创业实践，通过真实的创业活动，可以使他们的潜能得到进一步的开发，这种培养模式是学校教育的重要补充。高等院校应充分利用大学生创业园或科技园，为高等院校毕业生和在校大学生提供良好的创业环境，使之成为高等院校创业孵化基地，成为创新创业教育实践基地。

（3）深化与校外实践基地的合作，强调创新创业教育理念。校外实践基地是学生在校期间结合专业学习，走出校门接触社会生产实际的重要实践场所；通过参观见习、生产劳动实习和毕业实习，培养了学生的专业技能、社会劳动适应能力、职业道德修养、创新创业实战能力。学生在实践中可以全面了解与体验实习单位的机构设置、工作流程、管理制度、产品与服务的市场行情以及企业文化等诸多方面，这些为学生未来的就业、创业储备了知识，积累了经验。

学校要重视和加强校外实践基地的建设和维系，积极与企业、单位等部门合作，发挥自己的科研优势，与他们一道克服技术难题，开展产品研发，互利互惠，实现校企双赢，长期合作。学校与企业、单位的合作可以使教师的教学、科研更加结合实际，也使学生的创新创业有的放矢。学校应充分利用校外实践基地这一平台，发挥其创新创业教育实践资源优势。

4. 创新创业教育实践的资金保障

高等院校创新创业教育实践工作要想得到长足发展，需要得到持续有力的资金保障。目前，对各高等院校而言，创新创业教育是一项长期战略发展目标，是一种投资于未来、投资于长远、受惠于学生、受惠于社会的事业。在现今讲求经济效益，轻视社会效益的大环境下，难以引起学校教育部门的足够重视。高等院校创新创业工作多在上级部门下达任务后，搞些学生活动，完成应景性工作。对创新创业教育实践工作缺乏系统性、长期性认识与规划，资金投入明显不足。大学生创新创业需要启动资金，具有一定的投资风险。受到资金条件的限制，各高等院校慎重评估、审核学生申报项目，能够真正实施的少之又少，创新创业受益面非常有限。

大学生创新创业实践，缺乏启动资金是最大的瓶颈。创新创业教育实践工作是一项系统性工程，各种实践活动的开展、实践基地的建设、对师生进行的教育培训、创新创业机构自身的科研与日常运行等也都需要有相应的财力予以保障。建议教育部门领导制定相应财务政策，在年度财务计划中，必须划拨高等院校创新创业教育实践专项资金，并将创新创业工作纳入学校年度业绩考核指标，让各校领导充分重视起来。创新是一个民族进步的灵魂，是国家兴旺发达的不竭动力，国内高等院校要把创新创业教育实践放到重要的战略地位。必须看到，我国目前创新创业教育仍处于起步发展阶段，大学生创新创业教育实践体系是一个庞大的体系和工程，需要投入大量的人力、物力、财力及政策信息资源支持。高等院校创新创业教育实践体系建设需要教育部门领导与广大师生共同关心，切实努力，才能迈上健康迅速发展的轨道。

参考文献

［1］范琳. 高等院校创新创业教育研究［M］. 广州：世界图书出版广东有限公司，2016.

［2］胡剑锋，程祥国. 马克思主义指导下的民办高校创新创业教育理论与实践［M］. 北京：社会科学文献出版社，2017.

［3］李子林，刘迎秋等. 中国中小企业 2016 蓝皮书——大众创业，万众创新催生经济发展新动能［M］. 北京：中国发展出版社，2016.

［4］徐永春. 中国传统文化与思想政治教育［M］. 北京：光明日报出版社，2016.

［5］李文英，王景坤. 澳大利亚高校创业教育模式探析［J］. 比较教育研究，2010（10）.

［6］葛红兵. 思想政治教育话语体系研究［M］. 北京：中国文史出版社，2016.

［7］吴琼. 思想政治教育话语发展研究［M］. 北京：中国社会科学出版社，2017.

［8］李坚，付冬娟，张鹏飞等. 英国高校创业教育保障体系的探究及其启示［J］. 现代教育科学，2013（3）.

［9］高万里，柏文静. 创业基础［M］. 北京：中国人民大学出版社，2015.

［10］鲁力. 中国传统文化的思想政治教育价值研究［M］. 北京：中国社会科学出版社，2017.

［11］邹云龙. 创业发展论［M］. 北京：人民日报，2013.

［12］倪愫襄. 思想政治教育概念的逻辑分析［J］. 学校党建与思想教育，2013（20）.

［13］陈璐. 连锁专业教育与创业教育融合的思考［J］. 长沙铁道学院学报，2012（3）.

［14］金林南. 思想政治教育学科学范式的哲学沉思［M］. 南京：江苏人民出版社，2013.

［15］周建松，唐林伟. 高等教育人才培养目标的历史演变与科学定位［J］. 中国高等研究，2013（1）.

［16］李涛. 论高校创业教育与专业教育的融合［J］. 创业经济，2010.

［17］刘康生. 在高等教育中融入创业教育的思考［J］. 商业文化，2010（7）.

［18］张瑶祥，蒋丽君. 高等创业教育与专业融合的路径选择［J］，中国高等教育，2011（20）.

［19］罗媛. 美国高校创业教育探析［J］. 比较教育研究，2010（10）.

［20］郑永廷. 思想政治教育学科的特点、规范与建设任务［J］. 思想理论教育，2013（7）.

［21］陈亮，王燕萍，邹建华. 高等创业教育与专业教育融合共生模式实践［J］. 职业技术教育，2012（32）.

［22］姚金凤，张芬. 高等院校创业教育教师成长研究［J］. 教育与职业，2013（18）.

［23］邓桂兰. 高等"双师结构"师资队伍建设研究［J］. 当代职业教育，2012（8）.

［24］王瑾. 高等院校校内教学质量监控体系的构建与实践［J］. 职业技术教育，2014（5）.

［25］施永川，黄兆信，李远熙. 大学生创业教育面临的困境与对策［J］，教育发展研究，2010（21）.

［26］邬小撑，吕成祯. 走出大学创业教育实践体系构建的困境［J］. 复旦教育论坛，2015（5）.

［27］舒铁，余文华，周凌宇，许剑颖. 论高校创新创业教育实践体系建设［J］. 产业与科技论坛，2011（9）.

［28］傅建球，张瑜. 产学研合作创新平台建设研究［J］. 工业技术经济，2010（5）.

［29］高振中等. 我国创新创业教育发展阶段特点研究［J］. 教育教学论坛，2015（27）.

［30］梅伟惠. 美国高校创业教育［M］. 杭州：浙江教育出版社，2010.

［31］王莉方. 我国高校创新创业教育发展阶段论［J］. 石油教育，2014（2）.

［32］施永川. 我国高校创新创业教育十年发展历程研究［J］. 中国高教研究，2013（4）.

［33］石丹林，谌虹. 大学生创业理论与实务［M］. 北京：清华大学出版社，2012.

［34］李志永. 日本高校创业教育［M］. 杭州：浙江教育出版社，2010.

［35］刘向军，谭林. 新媒体语境下的马克思主义大众化传播策略［J］. 辽宁师范大学学报社会科学版，2015（3）.

［36］陈春法. 高等院校就业创业互动体系的构建实践［J］. 教育与职业，2011（5）.

［37］牛长松. 国高校创业教育［M］. 上海：学林出版社，2009.

［38］弗兰克. HT. 罗德斯. 创造未来——美国大学的作用［M］. 王晓阳，蓝劲松，译. 北京：清华大学出版社，2007.

［39］学诚. 中华传统文化的现代价值［J］. 中国民族报，2015（6）.